JN119020

あの日の決断

岩手の経営者たち

1

岩手日報社

斉藤俊明さん／さいとう製菓

1960年代後半以降の量産化を支えた「かもめの玉子」の製造1号機。悲願だった玉子形を実現し、会社の礎を築いた＝大船渡市赤崎町

赤沢桂一郎さん／さわや書店

盛岡駅ビルのフェザン店に立つ赤沢桂一郎さん。駅地下街への進出がフェザン出店につながり、今やさわや書店の１番店に成長した＝盛岡市・盛岡駅前通

府金伸治さん／肉のふがね

本店前で父武一さんと語り合う府金伸治さん（右）。「仕事もまちおこしも両方頑張っていく」と決意を込める＝岩手町沼宮内

阿部美子さん／道奥

金婚漬にイグサをかぶせる「つと巻き」づくりに励む阿部美子さん。創業当時から作り続ける商品だ＝花巻市西宮野目

海鋒守さん／白金運輸

かつてはトラックにも乗っていた白金運輸会長の海鋒守さん。「会社はまだまだ伸びる。応援していきたい」と語る＝奥州市江刺稲瀬

吉田ひさ子さん／いわてにっかコミュニティ企画

県中小企業家同友会の例会に参加する吉田ひさ子さん。地域と歩む良い会社、良き経営者を増やそうと精力的に活動する＝盛岡市肴町

太田義武さん／大武・ルート工業

生産を始めた約20年前から作るネジ供給機を持つ太田義武さん。「クレームや注文に小まめに対応してきたことが認められた」と語る＝一関市萩荘

照井耕一さん／西部開発農産

「高校を卒業する時、俺は農業で生きると決めた」と語る照井耕一さん＝北上市和賀町後藤

松田修一さん／キャピタルホテル1000

来客者の出迎えに立つ松田修一さん。東日本大震災後、古里への思いを強め、花巻温泉から転職した＝陸前高田市高田町

佐藤幸夫さん／シリウスグループ

「2019年は会社設立25周年。近い将来の400棟、500棟を目指し、チャレンジする」と語る佐藤幸夫さん＝盛岡市東安庭2丁目

はじめに

経営を託される者なら、誰しも忘れ得ぬ決断がある。きっかけや葛藤、下した根拠、教訓を泣き笑いも交えて紹介し、経営者の魅力、事業を営む醍醐味を伝えたい。若い経営者、起業家には先達の経験をしるべにしてほしい。岩手日報の連載「あの日の決断　岩手の経営者たち」は、企業の発展に人生を懸け、危機に奮闘するトップの歩みを紹介する企画として2018年4月に始まった。

一人一人が紡ぐ言葉はまさに「経営訓」だ。より後悔のない決断を導く鍵が、磨き上げた経営理念、培った人間力にあることを教えてくれる。誰のため、何のために―。

連載の人選は事業規模や知名度にこだわらず、あくまでも読者目線の興味・関心で行っている。取材は1人につきほぼ1カ月、何度も足を運び、毎回長時間に及んだ。記憶の隅に追いやっていただろう、苦い思い出も打ち明けてもらった。ご家族、従業員、友人・知人、取引先の方々が語るエピソードは、トップの素顔をくっきりと浮かび上がらせてくれた。
世界は今、新型コロナウイルスという「怪物」と戦っている。多くの経営者が会社と従業員の生活を守るため、懸命の努力を続けている。多忙の中、取材をお受けいただいたことへの感謝とともに、事業活動が一刻も早く平時の落ち着きを取り戻すことを願ってやまない。

2020年5月　岩手日報社編集局　四戸聡

目次

CONTENTS

本書は２０１８年４月にスタートした岩手日報連載企画「あの日の決断　岩手の経営者たち」に加筆修正し、書籍としてまとめたものです。本文の肩書き、年齢等は原則、掲載当時のままとし、表記については「記者ハンドブック　新聞用字用語集第13版」（共同通信社）に則っています。

死んでも継ぐつもりはなかったが、
見捨ててはいけないと思った

斉藤俊明さん／さいとう製菓（大船渡市）

大船渡市赤崎町のさいとう製菓は、銘菓「かもめの玉子」で知られる本県を代表する菓子メーカー。会長の斉藤俊明さん（76）は警察官の職を辞して家業に就いて以来、従業員と共に食べる人を幸せにできる商品を追い求めてきた。２０１１年の東日本大震災では本社などが全壊したが、全国からの励ましを糧に早期の製造再開を遂げ、被災地を勇気づけた。「かもめ」を菓子の一大ブランドに育て、地域経済を力強くけん引してきた斉藤さんの歩みを見つめる。

【２０１８年4月16～20日掲載】

古里を襲ったチリ地震津波

1960（昭和35）年5月24日。南米チリ沖で起きた地震で本県などを襲った津波が、斉藤俊明さんの人生を決めた。警察官から菓子業の道へ。家族を背負う決意があった。大船渡が岩手銀行を残して津波にさらわれたそうだ—。

その日の朝、盛岡市の警察学校の寮で古里の惨状を聞かされた。家族に関わる、どこか嫌な夢をみた後だった。同期の高校時代の友人と岩手公園下の停留所から大船渡行きのバスに乗った。車内放送のラジオが津波被害を伝えていた。国内最多の53人が犠牲になった大船渡市。「みんな泣いていた」

同市大船渡町の自宅兼店舗は大きく損壊したが流失は免れ、父母やきょうだいも無事だった。ただ、菓子店を営む父の俊雄さんは被災後、地域の世話役として支援物資の配布などに忙しく、家の片付けもままならなかった。

子どもの頃、世界の海で活躍する海上保安官や戦闘機に乗る自衛官に憧れた。菓子業に興味はなく、泣いて足にすがって反対する父親を振り切り、県警の門をたたいた。

直後の津波。6人きょうだいの長男で、一番下の弟とは11歳違った。「離れたら離れたで家の事がすごく心配になった。死んでも継ぐつもりはなかったが、見捨ててはいけないと思った。やっぱり長男なんだな」。後日、大船渡に自分を迎えに来た県警の担当者を父親が

チリ地震と東日本大震災の2度の津波を乗り越えて残った看板を持つ斉藤俊明さん。「死んでも継ぐつもりはなかったが、見捨ててはいけないと思った」と振り返る＝大船渡市赤崎町・さいとう製菓本社

「絶対に息子は学校にやれない」と追い返していたことを知ったが、覚悟は決まっていた。

同年7月、警察官に4カ月で別れを告げ、家業へ。「かもめの玉子」開発の挑戦が始まった。

「愛機」から生まれた玉子形

さいとう製菓本社敷地の倉庫に、古びた1台の機械が保管されている。ジュラルミン製の玉子形の型にまんじゅうを入れ、回転させながら焼く「かもめの玉子」の第1号製造機だ。

「(菓子を)玉子形にできたから会社の今日《こんにち》があると言っても過言じゃない」

斉藤俊明さんが「愛機」を慈しむように見つめた。

「かもめの玉子」は、鶏卵の黄身やコンデンスミルク（加糖練乳）を入れたあんをマーガリン入りのカステラ生地で包んで玉子形に焼き、ホワイトチョコレートを掛けた1個約48グラムの菓子。青い海原の上をさっそうと飛ぶカモメの卵をイメージした。味もさることながら、斉藤さんや父の俊雄さんが執着したのが形だった。

「初代」かもめの玉子（当時の表記は「鴎の玉子」）は、同社がまだ斉藤菓子店だった1951（昭和26）年、俊雄さんが観光土産品として発案し、手作りで製造を始めた。今と似たカステラまんじゅうで、本物の卵にあるまだら模様を刻んだのりで表現した斬新な商品だった。

「初代」は市内のイベントの賞品となり評判を呼んだが、俊雄さんが病気がちで職人らが辞めてしまい、数年で製造休止に。再開は斉藤さんが家業に戻った翌年の61年のことだった。

「親戚に復活したらどうかと助言をもらった。ただ、前に作っていたのは職人で、おやじを含め自分らは菓子の素人。レシピもなかったが、まねされないよう玉子の形にこだわった」

従業員がいない家内労働で「かもめ」の開発を担ったのは斉藤さんと、1歳下の弟の俊祐《しゅんすけ》さん＝さいとう製菓元社長＝だった。別の菓子作りや配達の傍ら材料、コーティングなどの改良を重ね、64、65年ごろには斉藤さんが「盆正月は寝られないほど。よく売れた」と語る人気商品に育っていた。

玉子形は未完成のままだった。俊雄さんは型を使う焼成機《しょうせいき》の導入に踏み切った。病床から大阪の業者に依頼し、当時の金額で150万円をつぎ込んだ。製造量が1分間に1人3個から40個へと急増。80年ごろまで使用され、当初の量

さいとう製菓の三陸銘菓「かもめの玉子」

産化を支える1号機となった。

機械生産は菓子が上と下の型にくっついて割れるなど失敗が多く、試行錯誤した。「型に付かないように粉を多くまぶすとチョコレートがきれいにかからず、マーガリンの割合を高めたら味も食感も変わった」

玉子形の決め手になったのは、型の温度の微妙な調節だった。「どら焼きを焼くにもアイロンを掛けるにも適温がある。いろいろ失敗して、成功するためにいつも考えていた。最後は勘のようなもの。借金があり、なんとしても返さないと、と必死だったんだ」

こう振り返る斉藤さんは「貧乏ほどみじめなことはない」と続けた。少年期の原体験が、まなざしの奥に浮かんだ。

溶接工だった父俊雄さん

さいとう製菓の始まりは1933（昭和8）年創業の大福店にさかのぼる。屋号は「餅屋」。斉藤俊明さんの祖母キヌエさんがセメント工場の従業員らに大福や「ゆべし」「がんづき」を作って売った。

終戦後の1948（昭和23）年、父の俊雄さんが店を継ぐ。腕のいい溶接工だった父は「食べ物商売はどんな時代も安定している。信用が一番大切」というキヌエさんの言葉を聞き、菓子業に就いた。

斉藤さんは小学4年生ごろから手伝った。昼夜問わず働き、入退院を繰り返した父の下、長男として朝4時、5時から大福作りなどを手伝い、弟たちと登校前や放課後に自転車で配達した。

俊雄さんは厳しかった。口癖は「稼げ」「勉強するな」。中学で野球部に入ったが、俊雄さんは「金がかかる」と許さなかった。医者の目を盗むように無理に退院した父が翌日から餅を作り、母は近所から米を借りていた。斉藤さんは「生活が逼迫《ひっぱく》し必死だったと思う。『病気＝貧乏』の公式が今も頭にある」と感慨を込める。

盛《さかり》高（現大船渡高）に入学後も「勉強するな」は続いた。「2年生の時、それなら学校をやめますと言ったら、やめないでくれと。世間体が悪いから入ってろと。家を継いでほしいと素直に語れないから、勉強するなと言っていたんだろう」。以後、普段はノートも取らず、試験1週間前だけ猛勉強した。

チリ地震津波の後、「鴎の玉子」（当時）の製造を再開した斉藤菓子店（当時）は焼成機のほか、あん

1953年ごろの斉藤菓子店。かもめの玉子（当時は「鴎の玉子」）が市内のイベントの賞品として利用され、評判を呼んだ＝大船渡市大船渡町（さいとう製菓提供）

を生地で包んだり、チョコレートをかける機械や装置を積極的に取り入れた。

詳しかったのは俊雄さん。「おやじの溶接を日本一という人がいた。本人に聞いたら道具を丁寧に扱う、後始末もきちんとやる。腕よりそっちが大切だと」

60年代後半以後の機械化などを背景に「かもめ」の販路は市外、県外へと広がった。今日《こんにち》の発展は、商品の着想や機械の活用という俊雄さんの決断抜きには語れない。あつれきは想像に難くない。ただ、技術者としての父を語るとき、斉藤さんはどこか誇らしげだ。

「かもめ」のブランド力

「『消費は美徳』とされ、買ってくれる風が吹いていた。デフレのような経済ならそうはいかなかった」。製造機の導入によるかもめの玉子の量産化は、日本経済の成長期と重なった。斉藤俊明さんは時代という「運」に感謝する。

現在の年間売上高は30億円を超える。さいとう製菓が三陸の一大菓子メーカーとなった背景には東京や仙台、盛岡など将来を見据えた市場の開拓、第2次石油危機をきっかけとした安価な「かもめ」のミニタイプの開発など、柔軟な商品展開があった。中でも玉子形商品のラインナップの充実は消費者の心をつかんだ。

同社製品を卸販売する鴎《かもめ》の玉子（大船渡市）は2000年、東京での「かもめ」の販売拠点として東京支店を開いた。その後、現地から一つの要請が

玉子形の菓子を最盛期には1日5万個ほど生産する第3工場。焼きからチョコレートかけ、包装、箱詰めまで一連の工程が自動化されている＝大船渡市赤崎町

来た。「取引先から（かもめの玉子と）違う物を持ってこいと言われている。四季の商品を作ってほしい」と。

以前から通常とは別タイプの商品を望む声はあった。しかし、社長だった斉藤さんは乗り気がしなかった。「同じ菓子を場所を変えて別の名前で売るようで、客をだますような気がした。『絶対やらない』と思っていた」と明かす。

当時は、地元の販売も頭打ち状態。02年、妥協案として「かもめ」の名を冠さない「四季の玉子」として限定販売することを決めた。季節は秋。中身は定番の栗にした。

まだ気掛かりがあった。「限定販売と言っても知名度がないと売れないのじゃないか」。急きょ名前を「かもめの玉子　栗秋」に変えて販売すると、まさかの即日完売。首都圏向け商品の委託生産がフル操業の状態で、「栗」はラインが空かず注文に応えられないおまけまでついた。「1社にドル箱商品は1点」。斉藤さんにとっても「かもめ」のブランド力を再認識する機会になった。

りんごかもめの玉子、仙台いちご日和、黄金かもめの玉子―。さいとう製菓が現在製造する玉子形の菓子は10種を超えるまでになった。

発展を続けてきた同社。しかし11年3月、東日本大震災が起きる。1960年のチリ地震津波をはるかに上回る甚大な被害が待っていた。

震災ひと月で製造再開

甚大な被害からの早期再建を決意させたのは「かもめの玉子」に愛着を持つ全国の人たちの励ましだった。

大船渡市大船渡町に本社があったさいとう製菓は、2011年3月の大津波で工場や本店をはじめ各地の店舗が全壊・流失した。迅速な避難で社員の犠牲者はなかったが、

57人が自宅を被災、11人は大切な家族を亡くした。取引先も1割ほどが被害を受けた。

斉藤俊明さんは地震発生時、妻和子さん（74）と盛岡市内にいた。至急戻り、翌朝高台から古里を見て声を失った。「仕事などできるはずがないし、どう生きるかしか考えられなかった」と、当時の焦燥を語る。

玉子形の菓子を作る大船渡市赤崎町の工場に津波被害はなかったが、機械がずれたり、天井が落ちた。3月23日に社員を全員招集。いつできるか分からないまま再開の準備をしていた頃、はがきが届き始めた。

「かもめのたまごのみなさんはいつもわたしたち

東日本大震災が発生した 2011 年 3 月、津波で損壊したさいとう製菓本社前で復興への決意を語る（当時社長の）斉藤俊明さん＝大船渡市大船渡町

をよろこばせています　だからこんどは、わたしたちがよろこばせますのでこれからもがんばってください！」（茨城県桜川市の小学3年生）

1日に30通も、50通も届く応援と感謝の文面に「こんなにも支えられていたのか。一日も早い再開が恩返しになる」。〝銘菓復活〟へ、覚悟は決まった。

4月6日に一部商品の製造を再開し、同19日には「かもめ」のラインを動かした。パッケージの印刷や、卵黄の調達は取引先が優先的に協力してくれた。

新幹線の運休が続くなどして当初は売れ行きが悪く、一度は従業員20人以上を解雇した。「どうにもならないことを分かってもらい、抵抗する人はなかった」。その後のV字回復で解雇者は復帰した。避難所での約30万個の「かもめ」の配布は美談として語り継がれるが、明日の見えない経営は厳しい判断を強いていた。

斉藤さんは復興の道のりを振り返り、確信する。「商品を買ってくれるお客さんも納品業者も同じく大切。ピンチのときこそ日頃の関係が生きる」。震災から4年4カ月余を経た15年7月、約30年務めた社長職を長男俊満《としみつ》さん（49）に託した。

菓子業をやってよかった

長男俊満さんにとって父親は「小さい時から仕事、仕事で、一緒に遊んだ記憶がない。近寄りがたい存在」だった。

俊満さんは今、会社の課題に「組織の強化」を挙げる。同族経営から脱皮し、全国に知られる「かもめの玉子」ブランドに見合った企業に変わっていかなければ―との思いは強い。

父子の会話は、決して多い方ではない。それでも「経営で一番大切なのは永遠に続くこと」と話す斉藤俊明さんのバトンは、しっかりと受け継がれている。

小さな大福店から三陸を代表する菓子会社へ。この間の斉藤さんの歩みを、陰に陽に支えたのが妻和子さんだ。１９６６年、両親とも入院し、斉藤さんがきょうだいと途方に暮れた時、頼ったのが和子さんだった。

「何度かしか会っていなかったけど、助けてほしいと。結納金も自分で持って行ったんだ」と斉藤さん。「何も知らない家に来て店番、家事、金庫番の一人三役をしてもらった。感謝感謝だ」と頭を下げる。

　和洋菓子からパンまで多彩な商品を手掛ける同社。斉藤さんは目指す菓子づくりに触れる時、「究極のおいしさ」という言葉を使う。

「最初は素人で、作る側に自信がないのに買いに来るお客さんがいた。ありがたくて『これから満足してもらえる菓子屋になりますから』という思いがあって、挫折せずやってこれた。いかにお客さん、地域の役に立てるか。それができなけれ

2017年11月に開店した総本店「かもめテラス」。斉藤俊明さんは「住宅の縁側のイメージ。大人も子どもも一緒に集うコミュニティーの場になれば」と願う＝大船渡市大船渡町

ば企業の存在価値はない」と言い切る。

味と品質の追求は原料の吟味やＩＳＯ２２０００（食品安全マネジメントシステム）の取得に、地域密着の姿勢は震災の年も休まず続けた工場まつりなどの企画に表れている。

２０１７年、ＪＲ大船渡駅近くのかさ上げ地に、総本店「かもめテラス」をオープンさせた。明るい、開放的な空間は、地域の交流拠点としてにぎわう。

「零細の商店から企業に成長した。菓子業をやって良かったなと思う」。警察をやめ、家業に入って58年。決断に悔いはない。「うん、うまい」。極めた味をかみしめた。

【さいとう製菓】大船渡市赤崎町の和洋菓子の製造販売会社。資本金5千万円。斉藤俊満社長。1933（昭和8）年創業。大福もちや「ゆべし」の製造販売に始まり、戦後、「鴎の玉子」の製造を開始。79年法人化。99年に商品名を「かもめの玉子」に改称。2017年、同市大船渡町に総本店かもめテラスを開店。赤崎町にかもめの郷《さと》お菓子ファクトリー（玉子形の菓子を作る3工場と和菓子、洋菓子の各工場）がある。玉子形の商品は最盛期で日産約35万個。従業員（パート含む）225人。19年5月期の売上高は30億円。卸販売会社の鴎の玉子は子会社。

失敗を責めたら次にやらない。
だから責めない

赤沢桂一郎さん／さわや書店（盛岡市）

出版不況が叫ばれて久しい今、盛岡市大通のさわや書店は、読書欲をかき立てるポップの制作やベストセラーの発掘、書店員による出版など続々と話題を提供し、「元気な本屋」として全国の注目を集めている。個性豊かな書店員を率いるのが3代目社長、赤沢桂一郎《あかざわけいいちろう》さん（73）。書店員の自主性を大切にし、共にこれからの「まちの書店」づくりに挑む赤沢さんの足跡と、節目の決断に迫る。

【2018年5月5〜10日掲載】

盛岡駅地下街に出店

ＪＲ盛岡駅の駅ビル「フェザン」１階。さわや書店の〝稼ぎ頭〟、フェザン店は普通の書店とは放つ熱量が違う。ポップや立体的な本の配置に「読んでほしい」との思いがたぎる。さわやの経営に欠かせないフェザン店。同店の誕生は１９９０年代半ば、改札口を備えた同駅地下街パルモへの出店の成功なしには語れない。

３代目社長赤沢桂一郎さんは振り返る。「パルモで別の書店が営業していたので売り上げを聞いたら、同じ面積でまちなかの書店の数倍あると知った。チャンスがあれば出したかった」

右肩上がりの時代。さわやは新規出店を活発化していた。絶好の駅地下の空きスペース情報がもたらされた。しかし、進出を迷う材料は多かった。億に迫る保証金の負担と高い家賃に加え、地上部のフェザンではライバル店が営業していた。何よりパルモの地下改札口の閉鎖計画があり、人の流れが大きく変わる恐れがあった。

出店の決め手は何だったのか―。「うちには本の『目利き』ができ、出版社や問屋任せにせず自前で商品仕入れができる人材がいた。改札がなくても駅という立地はいいし、品ぞろえさえしっかりしていればお客さんは来る、大丈夫だと」

こう話す赤沢さんの言葉を、パルモ店と、同店を引き継いだフェザン店で店長を務めた現本店店長の大池隆さん（60）がつなぐ。

「パルモ店は雑誌やコミック頼みじゃなく、書籍の販売に力を入れた。フェザンの関係者がよく来て、ポップとかを見て買ってくれていた。一番多い時で月2千万円ほどの売り上げがあり、地元の書店できちんとやっている所と評価してもらったようだった」

2005年7月、さわやは拡張したフェザン1階に待望の進出を果たす。15年以降は、フェザンに雑貨店と2店舗目の書店を相次ぎ出店。3店舗の売り上げは会社全体の約3割を占めるまでになった。パルモのにぎわいが、今につながる。

スクラップ・アンド・ビルド

「頑張る人の雇用を守らないといけないし、売り上げも落とせない。だから駄目になった店はつぶすけど、新しい店もつくるんだ」

岩手、青森にあるさわや書店12店舗は、独立店、駅ビルやスーパーのテナント、複合店など形態がさまざま。「書店のおやじは文化人と見られるが、自分は商人」。赤沢桂一郎さんが生き残りのため徹してきたのが「スクラップ・アンド・ビルド」の店舗戦略だ。「(ドイツ人作家の) ミヒャエル・エンデの作品から名前を取ったから、(出版元の) 岩波書店から文句がくるかとひやひやした」

盛岡市大通の本店隣のビルで2005年までの約10年間、児童書を専門的に扱った「モモ」。赤沢さんは「書店の責任は将来の読者を育てること。児童書に詳しい社員がいて、親たちの役に立てると思った。コミックも置けば採算が取れるという判断もあった」

モモは子どもや親子連れに支持され、借りていたビルを赤沢さん個人が借金して買い取るほどだった。

しかし好調は続かなかった。「郊外に（書店が入った）イオンができた一方、大通は居酒屋など飲食店が増えて幼い子どもの手を引いて歩きにくくなった」。地価の下落が経営を圧迫し、赤沢さんは結局、ビルを手放した。

市内で出店が続く大型の複合型書店などと比べ、規模で劣る地方書店の悲哀も味わってきた。

２００４年に開店した盛岡市北山の上盛岡店は、スーパーの隣で駐車場が広く、地域住民のほか県立病院の見舞客らの利用も期待した。郊外型１号店として25年以上続いた同市の太田店の再現を狙う思惑もあった。

上盛岡店は安定して月１千万円以上を稼いだが２０１７年３月、閉店を余儀なくされた。「ＭＯＲＩＯＫＡ　ＴＳＵＴＡＹＡ（２０１３年開店）やエムズエクスポ盛岡店（２０１０年開店）に客を引っ張られたし、道路のトンネル化で競合店と近くなった。家賃の負担も重かった」。赤沢さんはつぶやいた。「過去の成功体験は駄目だな」

閉店が「守り」とすれば、17年5月の盛岡駅ビル「フェザン」3階「ORIORI（オリオリ）」のオープンは、果敢な「攻め」の決断だった。

フェザン2店目の書店出店の打診に、最初は人手や費用面から断った。ただ、施設の方針は「さわやさんが出ないなら県外の書店」。赤沢さんは根が商人。頭を切り替えた。

「勝てると言っても他が入ればフェザン店の販売は2割は落ちる。2階に雑貨店もあり、それなら3階もやって『フェザンは全部さわや』にしてしまおうと」。オリオリの書棚には上盛岡店の棚を持ち込

2017年5月に開店した「オリオリ」。メインの女性客向けの商品展開と売り場づくりで客足を伸ばしている＝盛岡市盛岡駅前通・フェザン

んだ。さわやのこだわりが詰まったフェザン3店態勢は、こうして実現した。

1947（昭和22）年創業。さわや書店は本店が県内一の繁華街という好立地だが、郊外にも積極的に出店してきた。「街は動く」。背景には、実体験を通じた赤沢さんの危機感があった。

本社ビル建設と郊外出店

さわや書店は、赤沢桂一郎さんの祖父与次郎さんが1947（昭和22）年、今の本店がある盛岡市大通の土地を買い、50平方メートルほどの店舗で本や文具を売ったのが始まりだ。与次郎さんは同市の茅町《かやちょう》（現材木町）にあった文房具店、赤沢号支店の店主で、さわやは与次郎さんの新規事業だった。

赤沢さんはその茅町で育った。盛岡商高を卒業し、すぐに家業の赤沢号支店へ。『文房《ぶんぼう》四宝《しほう》（筆、すずり、紙、墨）』やいろんな事務用品、手回し式計算機など時代の最先端を売っている面白さがあった」。当時は本を読む習慣もなかった。

茅町は材木町とともに、北大通り商店街という繁華街だった。しかし、戦後の国道の切り替えやまちの中心が肴町や大通に移り、にぎわいは薄れていった。「一番の商店街は時代とともに移る」。赤沢さんは外商をしながらまちの変化を知り、車社会が進む中で郊外店の利便性も実感していった。

1975（昭和50）年、赤沢さんに転機が訪れる。さわやはこの年、大通に鉄筋コンクリート造り5階建ての本社ビルを建設した。多額の借金で銀行に求められたのが、安定した将来の後継者の確保。白羽の矢が立ったのが赤沢さんだった。

与次郎さんが他界した82年にさわやの代表取締役に就任。与次郎さんの遠戚で2代目社長の高橋トヨさん（94）を専務の立場で支えながら、太田、巣子、みたけ、球場前（三ツ割）など着実に郊外店を増やす多店舗展開を進めた。本店依存のリスクを分散し、商機をつかむ必然の策だった。

今も「専門は文房具」と話し、読書はベストセラーのほかはビジネス書が中心。3代目として四半世紀がたつが「現場には本について私よりも、たけた社員がたくさんいる。適正な利益を得るなど基本を守ればあとは自由にさせて、任せる。私の仕事は力を引き出すことだ」。

世間にさわやの名を広めたのは、本を売ることに特別な情熱を燃やす書店員たち。「これほど自由にさせる社長もいないだろう」と周囲も半ば驚く赤沢さんが育んだ土壌が、あのベストセラーを生んだ。

2階建てだったさわや書店の旧本店。現在の本店ビルは1975年に完成し、盛岡、本県の活字文化を支え続けている＝盛岡市大通2丁目（さわや書店提供）

さわや発のベストセラー

「天国の本屋」（著者・松久淳、田中渉）。2002年、絶版寸前だったこの本の良さに気付き、全国の書店を巻き込んで大ヒットにつなげたのが、さわや書店の当時本店店長だった伊藤清彦さん（2020年2月17日死去、65歳）。映画化もされた、さわや発の初めてのベストセラーだった。

一関図書館副館長の伊藤さんは、さわやがヒット作を生む理由を「フランチャイズと違い、書店員一人一人が『生きた細胞』として動き、本を読んでいる。さわやの売れ筋には、ヒットの萌芽《ほうが》の可能性がある」と語る。

その後も「もっと若い時に読んでいれば…」との店頭ポップをきっかけに全国的ヒットとなった「思考の整理学」（外山滋比古、筑摩書房）や、さわやがミリオンセラーの口火を切った「永遠の0《ゼロ》」（百田尚樹、幻冬舎）。最近はタイトルなどを隠した「文庫X」

として話題となった「殺人犯はそこにいる」をベストセラーに押し上げた。年末恒例の独自文芸賞「さわベス」も業界の注目度を高めている。

書店員が自ら本を書くのも、さわやの活気の証し。田口幹人さん、長江貴士さん、松本大介さんの出版は「さわや書店三部作」とされ、どれも本をとことん読み、魅力や価値を信じ、本屋で働くことの矜持《きょうじ》が読み手に伝わってくる。

赤沢さんは「社員の出版に許可なんてない。うちは給料が安いから自分で稼げと言っているんだ」と笑い飛ばす。そして「仕入れなどの失敗はある。それでもみんな本が大好きで、仕事を任せることで競い合い、他社との差別化にもつながる。

オリオリ内の書店員の本をテーマにしたコーナー。「まちの本屋」（中央）を執筆した田口幹人フェザン統括店長（左）は、仲間の相次ぐ出版を喜び「さわやは特別な書店」と語った＝ 2018 年 5 月、盛岡市盛岡駅前通・フェザン

失敗を責めたら次にやらない。だから責めない」。赤沢さんはこう繰り返す。

伊藤さんは店長当時、本を売る傍ら書評を書き、ラジオ出演し、講演で全国を飛び回った。「みんな社長の了解なくやってしまった。知ったかぶりをせず、いい意味で本の素人だった赤沢社長でなければ、あそこまでの仕事はできなかった」と感謝する。

さわやの名前は、初代赤沢与次郎さんが「沢」という地名や名前に縁があったことと、好きな山登りから、あらゆる生き物が集まる沢に「お客さまが集まるように」との願いを掛けたのが由来。個性豊かで、優秀な書店員が集まることにも、しっかり符合する。

赤沢さんは「従業員には営業型と経理型がいる」と言う。本を出版するなど発信力の高い人を営業型とすれば、目立たないが地道に数字を管理できる経理型も大切だ。赤沢さんは1人の店長の名を挙げた。

「まちの本屋さん」を残したい

さわや書店エリア長の山崎茂さん（51）は1990年の入社から28年間、ほぼ一貫してスーパー内の店舗の店長を務めてきた。

旗艦店の本店やフェザン店に勤めた経験はない。自ら本を書いたり、メディアに露出することもないが、赤沢桂一郎さんが「小さな店でこつこつと支えてくれている」と頼りにする書店員だ。

松園店をメインに巣子、雫石両店を合わせた3店舗の店長を兼務する。店の広さは大きくてフェザン店（約620平方メートル）の半分以下。品ぞろえに限りがある中、かつての新興団地、学生の街、書店が少ない郡部など立地と客層に応じた商品構成を大切にしてきた。

山崎さんは「自分の最低限の役割は店の利益を出すこと」と言う。それは、店舗の存続のためだ。

「地域の子どもたちが歩いたり、自転車で集まったりして本を買える環境を残したい。社長とは長い付き合い。自分の店づくりは注目されるさわやのやり方とは違うけれど、分かって任せてくれていると思う」。店の個性は店長の個性でもある。

取次店の日販東北支店（仙台市）の玉川修副支店長（51）はさわやを「全国でも珍しい書店」とし、話題を次々発信する背景について「売り上げや効率性より人材育成や地域貢献の優先順位が上で、書店員の自由度が高い」と指摘する。

盛岡市内などの大型書店では、さわやの元社員が中核として働いているケースもある。赤沢さん

松園店を担当する山崎茂エリア長。さわや書店は五つのスーパー内店舗を経営し、身近な書店として本の魅力を発信している＝盛岡市北松園・ユニバースサンタウン松園店

は、さわやを「酒蔵」に例え、「酒蔵にそれぞれ酵母があるように、さわやには独特の文化がある気がする。だから人が育つし、集まってくる」と笑顔を見せる。

ただ、書店経営は楽観視できない。書店数は過去10年で、全国が約21%、県内で約27%減った（日本著者販促センター調べ）。第一書店と東山堂ブックセンターが盛岡市大通を去って15年余、さわやの売上高もピークは約20年も前になる。

「地域で生活するあらゆる人々に、情報文化事業を通して生活の充実を提案し…」。赤沢さんが作ったさわや書店の経営理念に「本」「書籍」の文字はない。

「生き残るにはいろんなものをやっていかないといけない。新しい商材が必要だ」。赤沢さんの頭には、前例やタブーはない。

気づかされた「本の力」

カラフルな雑貨や食器、話題の食品を詰め込んだ〝宝石箱〟。盛岡市のJR盛岡駅ビル「フェザン」の「Porta Magica（ポルタマジカ）」は、さわや書店が2015年秋にオープンした小さな雑貨店だ。

赤沢桂一郎さんが東京・丸の内のブックカフェ「マルノウチリーディングスタイル」を訪れた際、「いい雑貨があり、うちにも取り入れたい」と飛び付き、大阪市の出版取次業と組んで開店させた。

赤沢さんは「雑貨は買い切りで損が出る可能性は高くなるが、売れればもうけは本よりも大きい」と冷静にそろばんをはじく。

盛岡市の仙北店は書店と学習塾が「同居」する。「本だけなら退店だったが、学校が近く、経済的に余裕のある人も多い地域で塾としては一等地だった」と経営の多角化にちゅうちょはない。

では、本の未来は—。赤沢さんの答えは「(電子書籍やネット書店など）本が空から飛んでくるような時代だが、紙の本は絶対に必要。だから必ず生き残る」。改めて気付かされたのは、東日本大震災だった。

震災前、沿岸部で唯一の店舗だった釜石店＝釜石市新町＝は、市内の書店の多くが津波被害に遭ったのに対し、内陸部にあったため難を逃れた。１週間ほどして営業を再開すると、客が殺到。売り上げは激増した。

「避難所などにいる人が読書を求めていた。盛岡の本店に週刊誌や月刊誌が無くても、釜石に送って

創業70年を超えたさわや書店の本店。赤沢桂一郎さん（写真）は「紙の本は絶対に必要。だから必ず生き残る」と語る＝盛岡市大通２丁目

いると言えば読者は納得してくれると思った」。物流が途絶える状況で、書店員たちは盛岡から釜石に本を運んだ。確信したのは「本の力」だった。

本店のある盛岡市大通は、県内で地価が一番高い〝岩手のメインストリート〟。飲食店やサービス業の店が大半となる中、まちのシンボルとしてさわや本店が持つ有形無形の価値は計り知れない。

長男の徹さん（44）を後継者に育てるなど着実に「次」を見据えてきた。ただ、創業の地の将来に話が及ぶと、赤沢さんは「本店は経営だけを考えたら、成り立たない。利益が出ない」と語り、こう続けた。

「何が何でも残すという選択が正しいのかもしれないが、時代の流れに取り残されることもある。自分たちは小商い。生きていくにはどこでもいいんだ」。経営者として一市民として、最良の決断を考え続ける。

【さわや書店】盛岡市大通の書籍・文房具などの小売り業。資本金1千万円。赤沢桂一郎社長。1947（昭和22）年さわや創業。55年有限会社さわや設立。78年さわや書店に商号変更。2003年株式会社化。店舗は本店など県内10店（学習塾アクシス含む）と青森県内2店。社員は役員3人含む25人、パート・アルバイト約90人。19年6月期の売上高は12億円。

人生一回きり。結果は分からないが、
とことんストイックに攻めたい

府金伸治さん／肉のふがね（岩手町）

岩手町沼宮内の食肉加工販売の「肉のふがね」は2018年4月、同町川口に生ハムなどを製造する工場兼店舗を建設し、新たなチャレンジを始めた。1965（昭和40）年創業以来、手作りの手羽先やホルモン商品が愛され、全国的にも本県特産の短角牛弁当で都内の百貨店アンケート1位に輝くなど知名度を高める。17年1月、父武一さん（73）のバトンを受け、2代目社長に就いたのが府金伸治《しんじ》さん（45）。食肉をとことん追究し、若手経営者としても注目される府金さんの事業と地域への思い、今に至る決断を追う。

【2018年6月4〜8日掲載】

短角牛の府金になれ

「南には『前沢牛のオガタ』がある。おまえは北の『短角牛の府金』になれ」。東京・京王百貨店の広瀬洋二食品部長（当時）＝現県産業創造アドバイザー。東京都東村山市在住＝のエールが出発点だった。

府金伸治さんが２０１８年春、岩手町川口に新設した工場直営店。総事業費1億6千万円のうち、借り入れは8千万円に上った。多額の負債に慎重な家族を押し切り「あと5年で50歳。今しかできない、新工場に命をささげようと、本気で判を押した」。決意には短角牛と、その肉の可能性を引き出す加工技術との出合いがあった。

府金さんは08年、県内の酒席で一緒になった広瀬さんに短角牛について聞かれ「骨が太くて筋が多く、歩留まりも悪い。もうからない肉」と答えた。

広瀬さんの見方は違った。「これからは赤身がブーム。岩手の短角牛はイタリアで未来に残したい『味の箱舟』として高い評価を受けている」。そう言い、冒頭の言葉をつないだ。

「元祖有名駅弁と全国うまいもの大会」は京王百貨店の名物企画。府金さんは09年に初参加し、ここで広瀬さんの言葉を確信した。

持ち込んだのは、県産短角牛を特製たれで軟らかく炊いてほぐし、白飯に敷いた弁当。1週間で5千食を完売し「短角牛の高いポテンシャル（潜在力）を痛感した。うちじゃなく、生産者がすごい。これを表現しないといけないと思った」。短角牛の弁当は10、11年と2年連続でアンケート1位を

県産短角牛を持つ府金伸治さん。生ハムなどを通じて「素材のポテンシャルの素晴らしさを広めたい」と意気込む＝岩手町川口・肉のふがね工場直営店

獲得した。

　府金さんは当時、母早苗さん（68）の実家一戸町のハム製造を継ぐため、食品衛生管理者の資格取得を目指していた。通常のハム製造なら一戸町に設備があり、新工場は不要。傍らで、短角牛を使った新商品の開発に思いを巡らせていた。

　感性に触れたのが、スペインにある牛肉の生ハム「セシーナ」。資格取得講習を一緒に受けていた県外業者が教えてくれた。

　２０１４年、単身スペインに飛び、生ハムが醸し出す草の香りに魅了された。「世界初」の短角牛の生ハム生産へ。工場新設に突き進んでいった。

「オール岩手」の生ハム

岩手町川口の国道4号沿いに、「肉」の字をアレンジした白いマークの目立つ建物がある。肉のふがねの工場直営店。この施設の冷蔵庫で18年5月、短角牛の外もも肉を使ったセシーナの長期熟成が始まった。

セシーナは塩漬けした牛肉をスモークし、数カ月から数年熟成させたスペインの生ハム。府金さんは本物を知ろうと、14年3月から4月の1週間、欧州屈指の食の展示会「アリメンタリア」を一人で訪ねた。

感想はこうだ。「一口食べると肉の味がし、塩味がして、その後にチーズのような発酵臭が来た。最後に草のフレーバー（香り）がした」

本県の短角牛は自然交配の「夏山冬里」式でたくましく育つ。「肉質は最高だし、岩手は草もいいはず。塩は（野田村の）野田塩がある。短角牛は硬い印象があるが、非加熱で薄くスライスすれば軟らかい。セシーナは一番合う調理法だと感じた」

16年11月、盛岡市内の短角牛生産者や岩手大農学部の研究者とスペインを再訪。生産現場を歩き、製造方法を詳しく調べ上げた。

県内に生ハム工場はなく、新施設は商品の幅を広げ、企業価値を高める。しかし、リスクは借金が増えることだけではなかった。

短角牛の買い付けは1頭丸ごとが基本。ロースやヒレなど高級部位は需要が高い一方、すね、ウデ、バラ肉などは売れ残る場合も多い。

鍵は、これら〝余剰部位〟をいかに上手に加工し、売り切るか―。京王百貨店のうまいもの大会

冷蔵庫で乾燥・熟成中の県産短角牛のセシーナ。1本2～3キロあり、約1年の熟成を経て2019年4月末にお披露目＝岩手町川口

で評判になった「岩手短角牛弁当やわらか煮」の肉はロースでも、ヒレでもない「ウデ」。弁当は同社の人気商品として定着し、原料ロスの低減につながっている。

17年には総務省から地域資源を生かした先進的で持続可能な事業とお墨付きを得て、工場建設費の一部、4千万円を確保した。「セシーナは高付加価値品。肉のクオリティーを壊したくない」と、製造設備はドイツ製などにこだわった。銀行は事業の将来性などを評価し、融資で熱意に応えてくれた。

短角牛にこだわる理由は、肉だけではない。塩の道、闘牛、豆腐―。「調べるとストーリー性や文化があり、奥が深い。短角牛や野田の塩でつくる、『オール岩手』の事業になる」。道はいばら。それでも知れば知るほど新工場をためらう要素はなくなっていった。

府金さんにとって、セシーナは店のフラッグシップ（最も重要な商品）だ。お披露目は、「いわて短角和牛ヌーボ」と位置付ける2019年4月29日と決めた。

「売れる自信は」の問いに「短角牛の生ハムづくりは世界初。売れるかどうかは分からない」。「ジャパンセシーナ」は商標登録済み。準備を整え、完成を待つ。

創業から半世紀余り、新たな挑戦に歩みだした肉のふがね。困難な時代を乗り越えてきたのは、現会長の父武一さん（73）と母早苗さん（68）の二人三脚の味だった。

一家で支えた精肉店

「特製手羽先味付け　40年間守り続けてきた秘伝のタレで味付けした伝統の一品」。1パック5本入りで410円（税込み）の手羽先はラベル通り、「肉のふがね」の看板商品の一つだ。基のたれを捨てず、震災のときも休まず、毎日継ぎ足しながら作ってきた。父の武一さんは「創業間もない頃から店を支えてきた商品。お客さんが受け止めてくれる物を作ってきたからこそ、ずっとつながってこられた」と語り、眉尻を下げた。

同社は武一さんが1965（昭和40）年、現在の本店向かいの貸し店舗で営んだ府金精肉店が始まりだ。地元の中学卒業後、千葉県で4年ほど精肉を学び、帰郷して店を開いた武一さん。「おやじが家畜商で、農家から豚を買って解体し、盛岡の肉屋などに売ったりしていた。自分たちで売ることを考え、肉屋のことを習ってこようと集団就職した」

伸治さんは4人きょうだいの一番上で一人息子。跡取りとして育ち、小学生の時は配達が役目だった。コンビニエンスストアもない時代、夜11時まで営業していた店で、パチンコ帰りの客らに母の早苗さんと一緒に接客した。

ホルモンを切る府金武一さん。50年以上にわたり店を守り続け、2017年社長職を長男伸治さんにバトンタッチした＝岩手町沼宮内・肉のふがね本店

生活は楽でなかった。武一さんの父親らの養豚業がうまくいかず、多額の借金がのしかかった。

伸治さんには幼い頃の忘れられない思い出がある。「靴を買ってもらえず、真夏も長靴だった。ズボンを長靴の上からかぶせ、見えないようにして歩いた」

創業50年余。「街の肉屋」が次々消える中、続けてこられたのは365日休みなく働いてきた一家の頑張りと、商品力の高さだ。

1番人気のホルモン鍋は、武一さんが昔から町内で食べられていたホルモン料理を研究。「お酒飲みに合う味に」と、半ば趣味のようにたれ作りに没頭したところから生まれた。

親と子。ぶつかることもある。ただ、伸治さんは「両親が健在で店を守ってきたから、自分はいろんな経験ができた。ちゃんと恩返ししないといけない」。感謝の気持ちを忘れず、信じる道を進む。

伸治さんの人生に大きな影響を与えたのが、日本料理店での3年間の修業。「地獄だった」とも語る濃密な時間が仕事の土台になった。

3年間の和食修業

府金伸治さんは1998年11月、大学生活を送り、ホテルなどで洋食も学んだ北海道からUターン。盛岡市大通の日本料理店で和食の修業を始めた。当時25歳。ここから「地獄」が始まった。

「普通は10年かかるが、3年で覚えるのは簡単。人の3倍から4倍頑張ればいい」

府金さんの師匠に当たるのは現在、同市大通で日本料理店「田《でん》」を営む田沢章雄さん(59)。家業の精肉店を継ぐため、3年という期限付きで修業をスタートした府金さんに対し、シンプルに仕事の心構えを伝えた。

「みんなが優しかった洋食とは全然違う封建社会で、仕事の量も半端じゃなかった」と府金さん。「小魚をさばくかと思えば、ケイジという1匹13万円もする魚をいきなり切れと言われたり。スッポンも担当した。恐怖感を抱く暇も、気持ちが休まることもなかった」。

当時の心境をこう振り返る。

店は一度に最大２３０〜２５０人を収容する大きさだった。午前１時に岩手町の自宅に帰り、同５時に起きて６時には盛岡の店にいるような毎日。「働かされたが、親方は自分にとって核になる存在。事情を分かってくれていたから追い込んでくれたし、自分もやれるだけやろうと思った」

徹底的にたたき込まれたのが「考える力」だった。

田沢さんは弟子に献立は伝えるが、具体的な作り方などは教えない。聞いても「おまえはどう考えるか。まずは思う通りにやってみろ」と返してくる。「お客さんごとに（人数、関係、目的などが）

日本料理店での修業時代の府金伸治さん（左から３人目）。多忙な日々の中、食べ物を提供する者として「考える力」を養った（府金さん提供）

違う状況を理解し、自分で作り、盛り付けてから指導を受ける。常に料理の引き出しを持っている大切さを含め、今の仕事にすごく生きている」

田沢さんは生ハム製造の工場を建て、新たな事業を始めた〝まな弟子〟に「種をまいた後、刈り取りを焦らないこと。やりたいことがあれば、いつか（応援の）波は来る。何よりお客さんから『おいしい』と言われる物を作ること」と助言する。

府金さんは修業当時の多忙さなどから離婚を経験。一時は「死にたい」とまで思い詰めた。それでも、行き着いたのは「男なら働いて死のう」。正式に家業に入ると、新商品開発や販路の開拓に打ち込んだ。

半ば独断で本店改修

「会社を大きくしたいというより、ホルモンや手羽先、弁当など元からあるうちの良い商品を多くの人に知ってほしかった」。府金伸治さんが家業に入ってまず手掛けたのが、販路の拡大だった。

2002年、岩手町の道の駅石神の丘開業に合わせ、それまで店頭で袋に詰めて売っていたホルモンなどのパック販売を始めた。

足も使った。八幡平市・安比高原のペンション。ガソリン代500円相当をかけて430円の鶏肉を配達するところからスタート。3年後に月100万円を売り上げる得意先にした。

最も勢いをつけたのが、大手警備会社セコム（東京）の顧客向け通販サイトだった。05年に都内の百貨店催事に出た際、同社のバイヤーと知り合った。豚肉のみそ漬けを気に入ってもらい、取引にこぎ着けた。

セコムの主な顧客は「守る物を持つアッパークラス（富裕層）」。肉のふがねにとって販売増の好機だったが、取引拡大には店の衛生状態の改善を迫られた。

府金さんは築後20年余の本店の改修を決めた。半ば〝独断〟だった。

「身内だけで話せば（反対され）親子げんかにしかならない」と、融資に金利優遇がある経営革新計画の認定に挑戦。第三者の経営指導も受けてやり遂げ、セコム商品は共同開発のメンチカツやホルモン鍋、ハンバーグなどにも広がった。

東京・京王百貨店名物の全国うまいもの大会に出店し、人気の短角牛弁当を販売する肉のふがね。府金伸治さんは「１個ずつ丁寧に作ることに徹している」と語る＝ 2018 年１月（肉のふがね提供）

東京・京王百貨店のうまいものアンケート1位（10、11年）の短角牛弁当やわらか煮や、日本ギフト大賞（16年）都道府県賞の短角牛吟醸粕漬《かすづけ》など、商品開発も自身が担ってきた。

アンテナを高く、引き出しを多く――。吟醸粕漬は八幡平市の酒造会社と麹《こうじ》店から原料を調達した。煮込みすぎて取引先から返品されたチャーシューを「年配者は軟らかい肉の方がいい」と発想を変え、弁当として店の看板に育てた。

企業経営はいつでもリスクと隣り合わせ。「もっと足元を固めた方がいい」（広瀬洋二・元京王百貨店食品部長）と、慎重さを求める声は身内以外にもある。それでも「人生一回きり。結果は分からないが、とことんストイックに攻めたい」。府金さんは明快だ。

B―1グランプリ出場など地域おこしにも積極的に関わってきた。全国の同士たちの存在が糧になり、本業への好循環も生まれてきた。

仕事もまちおこしも

府金伸治さんにとって「仕事」と「まちおこし」は二者択一でなく、ともに全力を尽くすもの。教えてくれたのは、全国のB級グルメが競う「B―1グランプリ」で出会った仲間だった。

岩手町のB級グルメと言えば「焼きうどん」。B―1挑戦の中心となったのが、府金さんが事務局を務め、町内の飲食店などで2009年に立ち上げた町ご当地グルメ研究会だ。町内で戦前から盛んに生産され、一時は台湾や中国にも輸出されたキャベツ。この特産品をいかに全国に広めていくか。手段が焼きうどんとB―1だった。

府金さんは初めて県外で焼きうどんを振る舞った2010年の北九州市でのイベントが忘れられない。

「地元の飲食店同士はそれまであまり仲が良くなかったが、イベントで評価されることで互いにたたえ合い、熱くなれた。もっとやろう、一緒に外に出ようと。みんなで泣きながら宴会をした」

研究会は「いわてまち焼きうどん連合歓隊」と力強く改称し、同年の北海道・東北B—1を皮切りに各地の大会に連続参加。県内外に知名度を高めた。

「隊長」を務める府金さんは「地域活性化に熱い思いを持つ全国の人たちとの交流があって、今がある」と語り、「本業を成功させながら、地域も活性化させる。勘違いかもしれないが、自分はできると信じて、仕事もまちおこしも両方頑張るんだ」と前を向く。

青森・十和田からバラ焼き入り商品の生産を依頼されたり、静岡・西伊豆から生ハムを洗う地下深層水を買わせてもらうなど、まちおこしで培った関係が本業に生きる場面は増えている。

ただし、「初めからビジネスを意識する関係でなく、思いが通じた結果としてつながれたら」というのが本音だ。

２０１７年は町内の業者がそろって二の足を踏む中、赤字覚悟で買い物困難者向けの移動販売車事業を引き受けた。理想を持ち、粋に感じて行動する姿勢に実直さがにじみ出る。

本業やB―1を通じて確信した古里の財産。再婚後に授かった小学5年生の長男が「将来の夢は肉屋」と書いてくれた。「町の子どもたちには、地域に誇れる歴史や文化があることを知りながら成長してほしい」

府金さんはそう願い、会社、地域の未来を信じて走り続ける。


【肉のふがね】岩手町沼宮内の食肉加工販売業。資本金300万円。府金伸治社長。1965年府金精肉店として創業。2010年、現社名で株式会社化。店舗は同町沼宮内の本店のほか、同町川口に県内初となる加熱と非加熱両方の食肉製品を製造できる工場直営店。精肉、ホルモン鍋・焼き、手羽先、ハンバーグ、各種総菜、弁当などを製造。従業員は役員4人を含む22人。18年度の売上高は1億8700万円。

農村の女性にも幸せな生き方をして、
生きる権利があると伝えたかった

阿部美子さん／道奥（花巻市）

岩手を代表する漬物の一つ「金婚漬《きんこんづけ》」。あめ色のウリに複数種類の野菜を詰めた伝統の味を、50年以上にわたって守り伝えてきたのが花巻市西宮野目の道奥《みちのく》だ。現会長の阿部叜子《ゆうこ》さん（81）が農家女性の所得向上を目指した農作物加工の取り組みは、観光業の波に乗り発展。ただ、近年は漬物に次ぐ主力と期待した雑穀事業の頓挫に加え、旅行形態の変化や消費者の減塩志向という逆風が強まる。守りから、再び攻めへ──。健康で、おいしい漬物作りを希求し続ける阿部さんの挑戦と決断に迫る。

【2018年7月4〜8日掲載】

雑穀文化を発信

　花巻市中心部への北の玄関口に位置する同市西宮野目。国道4号沿いに「こびりの郷岩手雑穀の国」と大書きされた施設が立つ。「旧金婚亭別館」。道奥が10年ほど前まで力を入れた雑穀文化の発信の名残だ。

　創業以来、金婚漬など多様な漬物販売と観光客ら向けのレストラン事業で成長していた道奥。別館オープンは1998年秋だった。

　漬物一本で勝負してきた会社がなぜ、雑穀だったのか―。阿部美子《ゆうこ》さんは説明する。

「栄養があり、健康にいいと言われていた。（減塩運動で）漬物は何でも良くないように言われ、逃げ場が雑穀だったんです」

　同市は本県を代表する雑穀の産地。本社工場などに接する元家電量販店を一大決心で買い取り、改装などを含め4千万～5千万円を投じた。

「こびり」は農作業の合間などに食べるおやつのこと。レストランでアマランサスひっつみ、きびだんご、五穀ぞうすいなどを振る舞ったほか、約30種類の料理のろう細工を並べ、家庭への普及も目指した。

特に注目を集めたのは、雑穀の日まつり。語呂合わせから同社独自に5月9日を「雑穀の日」と定め、2000年からはこの日に

雑穀文化発信の挑戦を振り返る阿部美子さん。理想と現実のはざまで悩んだ末、撤退を決断した＝花巻市西宮野目

合わせてPRイベントを開いた。

しかし、イベントは09年の第10回が最後に。レストランもそれから1年ほどで閉じた。

地域伝統の食文化と観光の融合という理念は高く評価されたが、商売的には失敗だった。阿部さんは「観光客はおいしいものを食べたいから、（粗食のイメージがある）雑穀は食べてくれなかった。地元の人にとっても最初は懐かしいけど、何度もお金を出してまで食べるものではなかった」と声を落とす。

「先の先を見越すのが経営者。リスクは分かっていた。経営者じゃないと言われたら受け入れざるを得ない」。阿部さんは当時の痛恨の決断を、こう振り返る。

試行錯誤を続けてきた56年。20代半ばでの起業は、農家女性の暮らしを良くしたい――との願いが原点だった。

しょっぱすぎた漬物

阿部美子さんは花巻南高3年の時、全国弁論大会で3位になった。タイトルはずばり「女性の行く道」。思いを体現させたのが、今日に至る漬物の製造販売事業だ。

1936（昭和11）年生まれ。幼かった戦時中、田植えの時期になると、農家の女性たちは集まって作業していた。あぜに一緒に腰を下ろし、話を聞いた。「こんなに稼いでも小遣いももらえない。一生懸命稼いでも、死ぬときは家の隅で丸っこくなって、ころっと死ぬしかねえのす」と。

阿部さんは「『嫁をもらったら牛を売れ』という言葉が残っていた。嫁は労働力としか見られず、貧しい、苦しいは当然。この悲しさが頭から離れなかった。このままでいいのか、農村の女性にも幸せな生き方をして、生きる権利があると伝えたかった」と振り返る。

盛岡短大の食物科に入り、卒業と同時に中学時代からのいいなずけだった勉さん（83）

と結婚。栄養士として市内の病院に勤めたが、妊娠・出産のため1年たたずに退職した。

　長男と双子の娘の3人の子育てに追われながら、高校時代の思いが消えることはなかった。娘たちの幼稚園入園に合わせ、行動を起こす。1962（昭和37）年、25歳の春。観光土産品の壁掛けづくりを始めた。

「土産品」には理由があった。「自分は『岩手は日本のチベット』という教育を受けた。だから県内だけで売り買いする物を作っても豊かになれない、他から応援してもらおうと。いわゆる『外貨獲得』ですね」

　ただ、壁掛けの人気はさっぱり。温泉で土産店を

ニンジン、ゴボウ、シソの葉を昆布で巻き、ウリに詰めた金婚漬。切り口の鮮やかさと素朴な味わいで、長く親しまれている

やっていた先輩に「こんな物を置いても売れない。食べ物だったら…」と言われ、1年で断念した。次に思い浮かんだのが、地元に昔からある漬物「金婚漬」だった。

金婚漬はニンジン、ゴボウ、シソの葉を昆布で巻き、ウリの穴の大きさに合わせて詰め込んだみそ味の漬物。「見た目もきれいで、栄養バランスもすごくいい。芸術的な特産品として受け入れられるのでは、と感じた」と阿部さん。最初は市内などの製造業者から出来上がった製品を買い入れ、土産品と分かるようにイグサで包んだ。当時は減反で田んぼにイグサがぼうぼうと生えていた。

仕入れた商品は、味を統一するための漬け直しが大変で、原料生産から自前でやることの必要性を痛感。生産農家と契約し、農家女性らの雇用も少しずつ増やした。

平泉や花巻温泉、遠くは青森・十和田などの観光地を走り回り、金婚漬を置いてもらえるよう頼み込んだ。幸運だったのは、鉄道の売店に採用されたこと。農産加工品のお土産はまだ珍しく、〝先見性〟が当たった。

しかし、3年ほどで試練にぶつかった。

東京・日本橋高島屋で開かれた岩手県初の物産展。「金婚漬一本勝負」で持ち込んだものの「しょっぱすぎる」と酷評された。

当時の金婚漬は製造期間が長く、塩分が高めだった。地元ではおいしいと言われても都会では受け入れられない。塩分が低く、味が柔らかく、体にいい商品を作らなければ—。「健康漬物」作りの本格的な追求が始まった。

15年がかりで製法固める

金婚漬は元々、自家製みそに長期間漬け込み、塩分で防腐効果を高めた農家の保存食だ。阿部美子《ゆうこ》さんは「古くなればなるほど、長く漬ければ漬けるほど、金婚式を迎えた老夫婦のような味わいが出る食べ物だった」と名前の由来を語る。

製造当初の塩分は、重量の約20％もあった。都内の物産展で「しょっぱさ」を突き付けられ、土産品として味の改良を迫られた。

「塩を少なくするなら防腐剤などの添加物を入れればいいが、使用上限がある物は本来は体に悪い。だから難しくても、自分は使わないで作ろうと」。盛岡短大で勉強したのは食品や栄養学。体にいい食へのこだわりが原動力だった。

塩分を下げるために活用したのが、防腐効果があるアルコールと酢。みそやもろみしょうゆ、みりんと一緒に焼酎、食酢などを入れて調味液を作

金婚漬を作る従業員。味付けした材料を昆布で巻き、最後にウリに入れる。製法の改良で塩分を大幅に低下させた＝花巻市西宮野目・道奥

り、割合を変えながら漬け込みを繰り返した。

「アルコール臭くなく、酢漬けのような味もしないようにと随分悩んだ」と阿部さん。塩分を減らし、防腐剤を使わない漬物は、「発酵しやすい」「すぐかびる」など一時は取引先の不評を買った。

それでも、諦めなかった。専門知識を生かして調味液を研究する一方、漬け方を変更。漬物全体だと味がしみるまで時間がかかり材料が傷みやすいため、ウリやニンジン、ゴボウを別々に下漬けし、最後に合わせる方法に改めた。真空加熱殺菌の装置も導入して保存期間を長くし、商品性を高めた。

昭和30年代後半に事業を始め、製法を固めるまでに約15年。阿部さんは「失敗の繰り返し。みそに長く漬けるという金婚漬本来の製法にも逆らってしまった」と恐縮しつつ「当時決めた作り方は、今も基本的に変えていません」と語る。

現在の金婚漬は、もろみしょうゆが味のベース。しょっぱさはあるが、塩分は5・0〜5・5％と、当初の4分の1まで下がっている。1番人気は別商品に譲ったものの、使用制限のある添加物を使わず、沖縄の天然塩にこだわる同社の「健康漬物」の代表として基幹ブランドであり続けている。

道奥は創業以来、積極的な設備投資と営業展開で売り上げを伸ばし、本県を代表する観光物産業者の一つとなった。商機をつかんだ陰に、阿部さんの強気で、柔軟な決断があった。

プラスに働いた拡大路線

「会長の度胸」。30年以上にわたり阿部羑子《ゆうこ》さんと一緒に働いてきた、長女で社長の久美子さん（58）は道奥が成長できた要因をこう指摘する。工場や物産館、レストランの新増築、漬物直売店の多店舗化など、阿部さんの果敢な投資姿勢は「道奥」「金婚漬」の名を県内外に知らしめた。

　創業20年目の1981（昭和56）年。阿部さんは花巻市西宮野目の現在地に、今も稼働する本社工場と旧「漬物専門店・和風レストラン金婚亭」を建てた。総事業費は2億8千万円に及んだ。

　当初計画は漬物の直売所のみで、食事の提供は予定になかった。レストランを併設することになった理由は、阿部さんいわく「親ばか」。次女の寿美子さんが奥州市の製麺会社に嫁ぐことになり「そばを仕入れれば、配達の人から娘の様子を聞ける。それならレストランもやろうと」。急きょ設計をやり直した。

　当時は金婚漬など約60種の漬物を製造し、売上高は前年比約20％増のペース。バブル景気も近づいて

1981年に建設した旧金婚亭。レストランは「雉《きじ》そば」をメインに観光客や地域住民でにぎわった＝花巻市西宮野目（道奥提供）

いた。半ば思い付きのような経営判断もプラスに働く「前向きな時代」（阿部さん）。旧金婚亭はその後2度増築した。

96年、還暦を迎えた阿部さんは7億円もの「最後のでっかい借金」をして勝負に出た。この年、花巻市の観光は宮沢賢治生誕100年の〝特需〟に沸いた。旧金婚亭を壊し、2階建ての「金婚亭」を新築した。

施設はエスカレーター完備で、豪華な山車を飾った。玄関前には賢治の世界をイメージした大型のモニュメントも設置した。

阿部さんは「他県にどんどん立派な施設ができていた。観光客が多かったし、賢治関係の予約もたくさんあった。強気だった」と回想する。年間来場者は10万人を超え、売り上げは翌97年、ピークの約10億円に達した。

責任を持って自社製品を販売しようと、漬物直売店の開設は1971（昭和46）年に北上市内からスタート。都内の百貨店を含め盛岡、花巻などにこつこつと約10店舗を出し、一般客にも知名度を広げた。

好景気の頃、社員旅行の行き先は中国やタイ、ハワイだった。成長を呼び込んだ阿部さんの「拡大路線」。強気の経営を可能にしたのは、改良を重ね、消費者に支持された商品の力だった。

試作と改良を重ね

道奥が半世紀を超える漬物製造で開発したレシピは200を超える。その中で「金婚漬」を引き継ぐ形で売れ筋に育ったのが「こめっこべらし」や「青なんばんみそっこ胡瓜《きゅうり》」。同社の経営を支えてきた〃孝行漬物〃たちだ。

商品開発は阿部美子《ゆうこ》さんと長女の久美子さん、工場長の久保田宗晴さん（54）が担当。

変わる消費者の好みや原料のやりくりを考えながら、試作・改良を重ねてきた。

こめっこべらしは発売から約30年がたつロングセラー。3種類あり、人気の「麹《こうじ》なんばん」はウリや茎ワカメ、ダイコン、青ナンバンなどを細かく刻んでしょうゆなどで味付けし、最後に米麹と混ぜる。ご飯と相性がぴったりだ。

商品の着想は金婚漬で使うウリの生産減や、コメ離れから得た。阿部さんは「ウリは収穫が重労働で生産者が減ってきたし、金婚漬だと低塩化に限界があった。塩分をさらに下げた漬物で、ご飯をたくさん食べられる物を作りたかった」と振り返る。麹なんばんは1990年に全国の食品コンクールで準優勝。漬物専

道奥が販売中の漬物は約 50 種類。味や保存期間の異なる多彩な構成で消費者ニーズに応えている＝花巻市西宮野目・金婚亭

門店の面目躍如だった。

今はみそっこ胡瓜が一番売れている。10年ほど前に商品化し、ナンバンの程よい辛みとキュウリのかりかりとした食感が特長。久美子さんは「『漬物ってこんなに食べられるんだ』という反響の電話をたくさんもらった」と、ヒット作誕生の記憶は鮮明だ。

商品は一部の売れ筋頼みというより、「微量多品種」にこだわる。物産展や直売店で販売するため、味や保存期間などが異なる多様な商品が求められた。何より、農家の繁忙期と重なる観光シーズンの土産品生産だけでは、農家の女性が農閑期に働ける仕事をつくるという「創業の精神」にそぐわなかった。

創業当初から野菜は、地元の農家から調達。現在も花巻市内の数十戸からナンバン、ウリ、シソ、バショウナ（芭蕉菜）などを買っている。

漬物作りに欠かせない農家との支え合い。「発酵食品の野菜の漬物は、腸まで届く乳酸菌が豊富に含まれていて体にいい。売れる商品、農家にも喜んでもらえる商品を作ることが、元気な高齢社会に役立つ」。阿部さんの商品探求の歩みは続く。

減塩志向が社会に広く深く浸透した今、漬物メーカーの経営は決して楽ではない。それでも震災後は被災地の復興支援に励むなど存在感を発揮してきた。

社名に込めた決意

「雑穀をやめた心残りがあって、ふがいない思いをずっと引きずってきた。そこに東日本大震災が起きた。何かしなきゃという思いがあった」

道奥は震災後、雑穀事業を中止して空いていた花巻市西宮野目の金婚亭別館を、大槌町と秋田県五城目《ごじょうめ》町のアンテナショップのために無償提供した。被災者向けの絵手紙講座などを企画した阿部美子《ゆうこ》さんにとって、復興支援は自分自身も元気を取り戻す場だった。

アンテナショップは2012年5月から約4年間で終了したが、建物を大船渡市三陸町の綾里《りょうり》漁協などが魚介類を販売したり食事を出す店「りょうり丸」に貸与。悲哀を味わった雑穀の拠点は復興の発信基地に衣替えし、道奥の漬物販売などとの相乗効果をもたらした。

創業から丸56年。山あり、谷ありだった。40年ほど前、借金をして買い付けた大量のワラビが突如湧いた「健康有害説」で販路を喪失。地元の金融機関の協力で乗り切ったことなどは鮮烈な思い出として残る。

そして今、経営環境は〝谷〟。市内外に開いた漬物直売店は採算が合わず、盛岡市菜園のカワトクだけになった。過去の積極投資の決断が財務上の負担になっていることも否めない。

理由の一つが、成人病予防を根拠とした減塩志向の浸透。「ツアー客に一人でも漬物が体に良くないと話す人がいると、その団体は漬物を買わなくなる」

かつて東北各地を講演に歩き、漬物の健康への効用を訴えた。塩分を下げ、体に良くない添加物は使わない商品生産に徹してもきた。だから、一方的な「漬物敬遠」の風潮に悔しさが募る。

どう巻き返すのか—。2006年に阿部さんの古希を機に社長を継いだ長女の久美子さんは「漬物のヒット作が必要」と話し18年6月、満を持して新商品を投入した。「柚子《ゆず》かおる　甘みそ大根」。ユズは陸前高田産の「北限のゆず」だ。

阿部さんも「絶対の自信作になりそう」と手応えを感じ、自身が巨費を投じた金婚

鹿踊の太鼓の音が響く中、来客を出迎える阿部姜子さん（中央）。「支えてくれた人たちに感謝し、生涯現役で頑張りたい」と語る＝花巻市西宮野目・金婚亭

亭についても「エスカレーターや個室があるから、福祉施設など新しく利用してもらえそうなところはまだある」と前を向く。

道奥の社名に込めたのは、一本の道の奥義を極める製造会社になりたい――という決意だった。「『生涯現役』と言ってきた。きちんと仕事ができる高齢者であり続けたい」。青色のエプロン姿で今日も送迎の先頭に立つ。

【道奥】花巻市西宮野目で漬物の製造販売と観光物産施設・レストランを運営。阿部久美子社長。阿部社長の実母で現会長の美子さんが1962（昭和37）年、民芸品製造販売の「みちのく民芸社」として創業。63年に「みちのく物産商会」と改称し金婚漬の製造販売を開始。75年株式会社化。81年に現在地に本社工場と漬物専門店・和風レストラン「金婚亭」を開店。「道奥」への社名変更などを経て、96年金婚亭新築。震災後は大槌町と秋田県五城目《ごじょうめ》町の特産品アンテナショップも運営した。主な商品は金婚漬、こめっこべらし、青なんばんみそっこ胡瓜《きゅうり》など。従業員はパートを含め約40人。2019年4月期の売上高は4億円。

東京でもどこでもすっ飛んで行って
取引をお願いした

海鋒守さん／白金運輸（奥州市）

奥州市江刺稲瀬の総合物流業、白金《しろがね》運輸は1974（昭和49）年の創業以来、積極的な荷物の引き受けと機を逃さない投資で成長を遂げ、売上高56億円に上る本県を代表する運送事業者となった。創業者で現会長の海鋒守《かいほこまもる》さん（73）が心掛けてきたのが、輸送、保管などサービスの品質確保と安全運行、何より顧客らとの信頼関係を大切にする「義理と人情」の経営だ。長く業界や地域経済の振興にも携わってきた海鋒さんの経営者、地域のリーダーとしての決断を伝える。

【2018年8月3〜7日掲載】

ダイドードリンコと取引

白金運輸の成長に欠かせない1社が、大手飲料メーカーのダイドードリンコ（大阪市）。取引の扉を開いたのは、偶然の1本の電話だった。

1979（昭和54）年ごろ。白金運輸では社内に設置した、ある飲料メーカーの自動販売機に欠品が多かった。会長（当時社長）の海鋒守《かいほこ》さんはメーカーを変えてほしいという要望を受け、ダイドーの盛岡市の営業所に電話した。

「自動販売機を置きたいんですが」。海鋒さんの求めに、営業所の責任者から思いがけない言葉が返ってきた。「話したいことがあるので今から伺います」

話とは、ダイドーの商品を静岡県内の配送センターから東北に運んでほしいという依頼だった。「ラッキーと思い、二つ返事で受けた。ダイドーが東北地方を開拓していた頃で、そこから一気に仕事が増えた」

白金運輸は当時、創業5年ほどの若い会社。なぜ、声が掛かったのか――。海鋒さんは「車の荷台がきれいだと言われた。前は魚を運ぶ車が使われたりして、臭いが付いて困っていたようだ」と語る。

未明の午前3、4時に江刺市（現奥州市江刺）の旧本社に10トントラックで届くジュース類を配送先ごとに4トン車に仕分けし、朝からの出発に備えた。「10トン車だと大き過ぎ、配送先で渋滞になるなど迷惑を掛ける。仕分けしてから運んだ方が

経営理念を掲げる海鋒守さん。社内には成長を支えた取引先のダイドードリンコの自動販売機が設置されている＝奥州市江刺稲瀬・白金運輸

いいと、自分たちで考えてやった」

　手間を惜しまない仕事ぶりにダイドー側が感心し、配送センターの運営を任されることに。85年、江刺に東北配送センター、4年後には福島県国見町に南東北3県を担当する福島配送センターを開設。荷量の増加に対応した。

　岐路は98年だった。ダイドー側から東北センターの秋田県への移設を求められた。物流コストの縮減を進める荷主の方針に「うちにメリットはなく、莫大な投資も必要。すごく悩んだ」と海鋒さん。それでも「自分ができないなら他社がやるだけ。お客様は神様だ。移すしかない」と腹を決めた。借金して2億4千万円を投じ、県外2カ所目の配送センターを新築した。

　今も白金運輸の売上高の三指に入るダイドー。この関係は、別の大手との取引ももたらすことになった。

片荷ではもったいない

奥州市江刺の江刺中核工業団地に白金運輸の配送センターが点在している。「江刺RCロジセンターA、B、C」。総面積が盛岡市の県営球場のほぼ2倍に当たる約2万6千平方メートルの物流拠点は、主に北上市に関連工場がある三菱製紙（東京都墨田区）の製品を保管する。

白金運輸にとって取扱高トップの同社グループとの関係は、ダイドードリンコとの取引が縁だった。

約40年前、ダイドー商品の静岡からの輸送依頼を受けた白金運輸。しかし、それは帰り便だけの〝片荷《かたに》〟。何か向こうに運ぶ荷物はないのか―。見つけた相手が、三菱製紙だった。海鋒守《かいほこ》さんは「静岡の富士市辺りは製紙工場がたくさんあって、三菱製紙の北上からの荷物もあると知った。これはいいぞと」

自身は元三菱ふそうのトラック販売の営業マン。つても頼り、下請けから参入し、その後、直接取引にこぎ着けた。2004年にはロジセンターA、B、2010年にテント倉庫を整備するなど受け入れスペースを広げ、大口の取引に育てた。

金ケ崎町に岩手工場を置くトヨタ自動車東日本(旧関東自動車工業)との関わりでは、白金運輸の仕事の質をアピールしてきた。

2000年に北上市に開設した流通加工センターは、トヨタ部品の保管・配送の一拠点。自動車工場への部品搬入はラインの稼働状況に応じて時間や場所、順番など輸送の正確性を要求され、「ドライバーの能力が高くないとできない」(海鋒

トヨタ自動車東日本の部品を保管・配送する北上流通加工センター。白金運輸の物流レベルの高さを示す現場となってきた＝北上市相去町（画像は一部加工しています）

さん）。県内外の部品メーカーのさまざまな製品を積んだ施設では作業員が昼夜を問わず、黙々とフォークリフトを動かす。

「関東自工岩手工場の立ち上げ時から倉庫業務などで協力した。長年、西浦精機（1973年江刺進出の自動車部品メーカー）の製品を運んできた経験もあった」と取引ができた背景を語る海鋒さん。トヨタ系との関係は対外的な信用を高め、会社の仕事を増やした。

白金運輸が荷物を運ぶ取引先は、同業者からの依頼を含め約520件。三菱製紙グループ向けのロジセンターや08年に医薬品・医療機器製造のニプロ（大阪市）向けに秋田県大館市に整備した配送センターのように、大口のため億単位をかけて専用施設を作ってきた。並行して引っ越しなど身近なサービスにも取り組んできた。

創業初年度に270万円だった売り上げは、15年度に50億円を超えた。海鋒さんは「最初の頃にいろんな仕事をしたことが、その後のさまざまな取引につながった」と述懐。経営理念には、江刺とゆかりが深く、敬愛する宮沢賢治の精神を込めた。あなたよし

わたしよし　みんなよし―。

脱サラし、一代で50億円企業を育てた海鋒さんの起業は29歳。社名は一番最初の取引先から取った。

中古車5台で脱サラ

海鋒《かいほこ》守さんにとって、トラック輸送の原点は江刺の藤里中時代にあった。

地域は亜炭の採掘地で「積みに来るトラックに乗せてもらい、車ってすごいもんだと感じていた」。男ばかり8人兄弟の6番目。当時、既に父は他界していた。経済的な事情もあって高校に行かず「金の卵」として集団就職。埼玉県の自動車整備工場で車の基礎を学んだ。
5年後、母テルさんと同居するために帰郷。トラックを扱う岩手三菱ふそう自動車販売に入社した。

営業の世界は水に合っていた。得意先の建設会社が運送業の許可を取る手伝いなどをして好成績を上げ「一度に10台とか売れた。（ご褒美で）香港に行かせてもらったこともある」と、得意そうな表情ものぞかせる。

そんな時に湧いたのが「自分もトラックを買う側に回ってみたい」との思い。仕事を通して運送業の仕組みは頭に入っていた。会社幹部とのあつれきに悩んでもいた。

1981年当時の白金運輸の従業員。日本通運のペリカン便なども手掛け、従業員が飛躍的に増えた。前列左から2人目が海鋒守さん＝奥州市江刺愛宕の旧本社（白金運輸提供）

電子部品メーカー白金製作所（東京都大田区）の江刺進出が、背中を押した。当時の市長周辺から海鋒さんに「誘致企業があっても荷物を運ぶ会社がない。やってみたらどうだ」と声が掛かった。

1972（昭和47）年に現取締役の綾子さん（65）と結婚し、翌年には長男で現社長の徹哉さんが生まれた。脱サラに不安はあったが、成功できる自信もあった。「俺がやろう」。起業を決めた。

地域の出稼ぎ者ら数人に声を掛け、29歳の74年暮れ、資本金150万円の有限会社から始めた。当初は白金製作所の仕事だけで、退職金などをはたいた中古車5台の車庫は、同社の空きスペースを借用。そんな経緯もあり、会社名は迷わず「白金運輸」にした。

海鋒さんは創業からの40年余を振り返り、厳しかった時代を「最初の10年ぐらい」と語る。2度のオイルショックに伴う燃料不足、10～20台の限られた車両（現在約130台）で荷主の増・減車の注文に対応するのは苦労が多かった。

やりくりできたのは、「義理と人情」の付き合いがあったから。ジュースなど運ぶ量が日によって変わる荷物の場合、自社の車両に余裕がなければ、同業者に依頼しないといけない。「トラックが足りず代わりに運んでもらえば、相手が困っているときに、うちが何とかする。普段の付き合いをきちんとしていれば、お互いに助けられる」。衆目一致のおとこ気が、仲間と事業を広げていった。

行動力も海鋒さんの持ち味。思わぬ苦境も前向きさで乗り越え、何より安全輸送にこだわってきた。

安全は仕事の土台

白金運輸が創業した1974(昭和49)年12月は、江刺中核工業団地(分譲面積92へクタール）の整備が動きだした時期と重なる。

海鋒守《かいほこ》さんは「仕事を始めて誘致企業が増えていった。最初の頃は、白金製作所や西浦精機（ともに同市江刺）から仕事先をたくさん紹介してもらった。東京でもどこでもすっ飛んで行って取引をお願いした」。江刺中核工業団地は80年に分譲がスタート。白金運輸との取引をきっかけに立地を決めた会社もある。

一方、期待した事業の挫折もあった。98年に開設したアルミサッシメーカー用の流通加工センター。約9億3千万円を投じて同団地に建てた。白金運輸として初めて、サッシなどを組み立てる「ものづくり」に挑戦した場所だった。

しかし、メーカー側の経営事情から3年たたず事業が中止に。「あの時は寝ても寝た気がしなかった。とんでもないと思ったが、止められる話じゃない。それなら何か別の物を入れようと思い直した」

ダイドードリンコの配送センターを、江刺から秋田県鹿角市に移す時（98年）もそうだった。立ち止まらず、空いてしまう施設の次の活用に頭を切り替えた。

「仕事が仕事を呼んできた」（海鋒さん）という白金運輸の歩み。最も大切にしてきたのは、輸送や倉庫業務の安全に尽きる。

本社の敷地内にある白金神社。２０１８年８月１日、安全祈願祭が開かれ、社員約50人が経営理念などを唱和した。旧本社時代の82年に建立して以来、月初めに休まず続けている行事だ。

海鋒さんは「運送業にとって安全は仕事の土台」と強調する。▽毎月の危険予知トレーニング▽茨城県の安全運転中央研修所への社員派遣▽衛星利用測位システム（ＧＰＳ）やドライブレコーダーを活用した運行状況の即時把握―など、多角的に安全対策をレベルアップさせてきた。

同社は輸送業務の約７割が外注で、安全の徹底は外注先も同じ。依頼前に仕事の流れを自社で一通りチェックし、安全に輸送できる仕組みを整えている。

数十年前、トラックによる死亡事故も経験した。知らせを受けて関東の病院に駆け付けた。「繰り返してはいけない」とあらためて誓った。

「会長は口うるさいほど、よく気がつく人。天気に応じた安全の注意喚起などにかなり神経を使ってきた」。創業メンバーで専務の安部《あんべ》清一さん（67）は評する。

社長交代は2012年。「人間性は似ている」という長男の徹哉さん（45）に、海鋒さんは次を託した。

2代目に課した現場経験

2018年7月19日、ベトナム南東部のバリア・ブ

毎月の安全祈願祭で経営理念などを唱和し、意識を高める白金運輸の社員。前列右から2人目が会長の海鋒守さん＝奥州市江刺稲瀬・白金運輸

ンタウ省の大規模工業団地に白金運輸の社長、海鋒《かいほこ》徹哉さんの引き締まった顔があった。

現地企業との合弁で、総事業費約6億円で建設する物流センターの起工式。「工場は物流に支えられ、ネットワークは世界にある。輸送や保管、通関などのサービスを一体的に提供する仕事をしなければ会社の将来はない」と徹哉さん。同センターは社勢を託す国際物流の拠点だ。

会長で徹哉さんの父親の海鋒守さんは海外事業への本格参入に「国内の物流が細る中で、外国の荷物が関東圏の大きな港に押さえられれば運ぶ物がなくなる。コンテナなど海外物流は取り組まないといけないと思っていた」と応援する。

創業者の大きな役目は、良き2代目の育成。社長交代は2012年6月だった。徹哉さんを大卒の新人として入社させてから15年余、海鋒さんは息子をトラックの運転業務から育てた。

海鋒さんは「運転手は一匹おおかみ。仕事への自負がある。経営者になるなら、その気持ちや荷物の届け先の状況を全て知っておくべきだ」と狙いを語る。

そもそも徹哉さんは「正義の味方」に憧れ、大学1年までは弁護士を目指していた。法律を学ぶ中で「『正義』には定義がない。人の役に立つこと、誰かを守ることは必ずしも六法全書にある通りではないと思った」。大勢の人のためになり、誰かを守る仕事を考えたとき、両親が頭に浮かんだ。小学校入学前、夏休みに配送トラックの父の隣に座って信州に行った記憶は、今もはっきり残る。

当初は年功重視と実力主義という人事評価の違いで

「おやじからは『人のために尽くせ』『義理人情を大切にしろ』と教えられてきた」と語る白金運輸社長の海鋒徹哉さん＝奥州市江刺稲瀬・白金運輸

ぶつかることもあったが、プライベートは2世帯住宅で週に1度は酒を酌み交わす。「自分は29歳で会社を起こした。なるべく早く譲りたかった」と海鋒さん。リーマンショックによる売り上げ減や東日本大震災の発生で遅れたが、徹哉さんが38歳の時、金融機関の対応を含めて引き継いだ。

海鋒さんは、商工会議所やトラック協会の青年組織でも要職を務めるようになった徹哉さんを「義理人情とか、うそをつかないとか、人間性は（自分と）似ている」と信頼。「人工知能など最新技術は他社に先駆けて使うべきだ。企業は常に成長し続けないといけない」。エールには、意欲的な投資で会社を伸ばした〝らしさ〟がにじむ。

「立志伝中の人」とも呼ばれる海鋒さん。本業の傍ら、経済界や業界団体のトップとして走り続けてきた。

「岩手方式」で被災地支援

奥州市江刺西大通りのクリーニング店経営、菊池剛毅さん（73）は海鋒守さんと40年来の付き合い。菊池さんは当時現職だった故及川勉江刺市長の言葉を今でも覚えている。「俺より忙しい」。海鋒さんがいつもスーツのポケットに入れて持ち歩く、Ａ４判の紙のスケジュール表を見たときの反応だ。

海鋒さんは起業後、早くから商工会議所やトラック協会で活動してきた。２０１８年現在の役職は奥州商工会議所会頭をはじめ、社会福祉法人理事長や交通安全協会長など合わせて37。一時は40を超えたという。

海鋒さんは「自分でやらせてほしいと言ったものは一つもない。断ろうとは思うけど、会社が大きくなり、地域で必要とされているならばと思ってきた」と淡々と話す。

一家は、海鋒さんが生まれる前に山形県から岩手に越してきた。菊池さんは江刺の保守的風土を指摘し「海鋒さんは『よそ者』のように見られたが、人を裏切らないし、裏切られても報復しない。だから、悪く言う人間がいない」と言い切る。

2016年11月に同会議所会頭となり、にぎわいの創出、国際リニアコライダー（ILC）誘致、会員に役立つ会議所―という三つの目標を立てた。メモに書き、財布に入れて持ち歩く。就任から約2年。独自色の発揮も期待される。「そのことはうんと気にしている」。真価を問われる覚悟と、焦りのようなものが垣間見えた。

東日本大震災直後の11年5月から丸4年は、県トラック協会の会長。滝沢市の岩手産業文化センター（アピオ）に支援物資を集中させ、24時間態勢で被災地に届けた「岩手方式」が高く評価された。自社は輸送の仕事が一時的に3分の1まで減少。被災した取引先に社員を派遣し、復旧応援などに当たらせた。

トラック業界は長時間労働、人手不足という深刻な課題を抱えている。長男の徹哉社長の下、荷量の増加とドライバーの労働時間短縮のため、中継地でトラックを交換する「リレー輸送」を再開した。倉庫業務の自動化も検討している。

海鋒さんは少子化など時代の変化を認めながら「荷主に協力を求めたり、社内で改善できることはする。その上で、物流の重要性を理解して働いてほしい」と訴える。工業製品も食品も燃料も、必要な場所に届ける人がいなければ役には立たない。職業としての人気は他に譲っても、果たしてきた役割への誇りが揺らぐことはない。

【白金運輸】奥州市江刺稲瀬に本社を置く総合物流企業。海鋒徹哉社長。海鋒社長の実父で現会長の守氏が1974（昭和49）年に創業。91年に株式会社化。大手の製紙、飲料、医薬品・医療機器メーカーなどが主要取引先で、江刺や北上市のほか、秋田、福島両県に配送センター、営業所を置く。2019年にベトナムのバリア・ブンタウ省に合弁会社での物流センターを整備し、同国を拠点とした国際物流に取り組む。中小企業庁の15年「がんばる中小企業・小規模事業者300社」。役員を含めて社員275人、車両数135台。20年3月期の売上高は55億7100万円。

お年寄りがいるというのは、すごく大事なこと

吉田ひさ子さん／いわてにっかコミュニティ企画（盛岡市）

盛岡市の乙部・黒川地区で、高齢者や障害児のデイサービス、有料老人ホームなどを運営する有限会社いわてにっかコミュニティ企画。創業者の吉田ひさ子社長（58）は2007年にサービスを始めて以降、年齢や障害の有無にかかわらず、身近な場所で、みんなが一緒に過ごせる介護福祉事業を実践してきた。ボランティアでの高齢者の生きがい活動、情報誌の発行、企業のネットワークづくりでも先頭に立つ。いつも意識するのは「地域」。理想の郷土づくりに向けて走り続ける吉田さんの歩みと決断を伝える。

【2018年9月2〜6日掲載】

人と関わる仕事なら

いわてにっかコミュニティ企画社長の吉田ひさ子さんは、合併浄化槽などの設備工事会社、岩手日化サービス＝盛岡市黒川＝の社長も務める。5年前に会長職となった夫の後を継いだ。

吉田さんが起業を考えたのは同社の専務時代。この引き継ぎ問題がきっかけだった。「経理や総務はやっていたが、現場の仕事ができない自分が社長になっていいのか。そもそも何をしたいのか、自分には何があるんだと…」。自問自答を繰り返した。

思い至ったのが、出産、子育てを機に家庭に入ってできた、地域の人とのつながりだった。

「交通安全母の会やPTA、自治公民館など、あらゆる役が回ってきた。自分の財産はこれだ、と。人と関わる仕事ならできると思った」

福祉の仕事と決めていたわけではない。二つの出合いが道しるべになった。

一つは、2003年に大阪府で開かれた中小企業家同友会の交流会。特別養護老人ホームなどを運営する社会福祉法人の女性理事長の講演に、カルチャーショックを受けた。

「映像で見るお年寄りの表情が違った。徘徊《はいかい》を止めずに職員が一緒に歩くとか、イメージが変わった。『してやる』でなく、『させていただく』介護があった」

「自分が何をしたいか考えたとき、人と関わる仕事ならできると思った」と介護福祉事業を始めた理由を語る、いわてにっかコミュニティ企画社長の吉田ひさ子さん＝盛岡市乙部

二つ目が「富山型デイサービス」だった。こちらは、富山県の看護師たちが25年前に始めた民間の介護事業。民家を改修した建物で、高齢者や障害者を隔てなく受け入れる新しいデイサービスとして注目されていた。

吉田さんは都内の会合で偶然、その存在を知った。「日中過ごす場所がなくて困っているのは、高齢者も子どもも、障害者も同じ。古い民家でやるのも素晴らしいと思った」。富山からビデオや本を送ってもらい、ノウハウを学んだ。

07年春、同市乙部の古民家を借り、高齢者向けの「めだかのデイサービス」を開いた。設備工事会社の専務を兼ねた起業にも、吉田さんは「将来性がどうより、自分がただやりたいだけだった」と笑う。

名前の「めだか」には童謡の一節「誰が生徒か先生か」から、利用者と上下関係のないサービス、支え合いの気持ちを込めた。

誰でも受け入れる「富山型」

盛岡市乙部の築50年の古民家で始めた高齢者向けの「めだかのデイサービス（めだかのデイ）」（定員15人）。吉田ひさ子さんと看護師、生活相談員、調理員の4人での船出だったが、最初の1カ月は利用者ゼロだった。

それもそのはず。吉田さんが設備工事会社の仕事と掛け持ちで、自前の広報ができなかった。吉田さんは「利用者がいないと経験を積めない。無料でお世話しますからと、別の施設に頼んでお年寄りを回してもらった」と振り返る。

吉田さんには、思い出深い1人の男性がいる。デイサービスを始めて2カ月ほどの頃。要介護度は2と低めだったが、食事をしなくなり、自殺をほのめかすという理由で、近くの施設から引き受けを頼まれた。

「泊まりも希望された。もしたばこで火事でも起きたら大変だと、スタッフは猛反対だった」。吉田さんはあきらめなかった。

「富山型」は誰でも受け入れるデイサービス。「目の前の困った人に対応しないなら、自分たちは何のためにいるか分からない。全責任は私が取る。まずは受け入れよう」。こうスタッフを説得した。

　めだかのデイで男性は前向きさを取り戻した。「専属のような介護だったし、古民家（という空間）の力もあったと思う」と吉田さん。心配は杞憂《きゆう》に終わり、仕事の自信につながった。

　利用者が徐々に増えていく中、残念なこともあった。開業時のスタッフ3人が1年足らずで離職した。「別の仕事などで現場にいられないときがあり、すれ違いが生まれた。目指す介護の思いを十分に

古民家で一緒に風船を使った遊びを楽しむお年寄りと子どもたち。年齢も障害の有無も関係ない「富山型」の福祉サービスを実践する＝盛岡市乙部

伝えられなかった」。一番悔しかったという、苦い記憶だ。

めだかのデイの開所から2年後の２００９年、先の男性と、吉田さんが地域情報誌の発行で世話になった要介護度５の女性のために、住宅型有料老人ホーム（14床）を新築した。

翌10年春にはニーズを感じ、古民家に障害児が放課後に過ごせるデイサービス（定員10人）を併設。縁側のある建物に高齢者と障害児が一緒にいて、時にはレクリエーションもする。富山型ならではの和やかな交流が形になっていった。

事業を始めて11年余。市内４施設で高齢者、障害児のデイサービスを３カ所ずつ運営し、職員も大幅に増えた。18歳以上の障害者を受け入れ、一時は０～１歳の健常児も世話した。億単位の投資資金は、夫や銀行からの借り入れで賄った部分も多い。周囲には矢継ぎ早の事業拡大を心配する見方もあった。

だが、「決断する時、もうかるかどうかの視点はない。富山型だから、困っている人がいたらやるだけ」と本人に迷いはなかった。「経営者としては違うかもしれないけれど、地域のためなら、お金が返ってこなくてもいいと思ってやってきた」

吉田さんが大事にする「地域の茶の間」というボランティア活動がある。デイサービスよりも歴史がある、高齢者の交流会だ。

地域の茶の間

2018年8月最後の日曜日。盛岡市乙部の古民家で80、90代の女性7人が、一緒に折り紙をした。複雑な折り方に頭をひねりながら「ごまかすのは嫌い」と、みんな真剣。一つ折り終わるたびに、テーブルに笑みが広がった。

「地域の茶の間」という高齢者の交流活動。吉田ひさ子さんが月に1度、13年余続けてきた。

吉田さんがボランティアで茶の間を企画したのは、いわてにっかを起業しデイサービスを始める2年前。地域のお年寄りの情報や、どんな介護のサービス、施設が望まれているかを知るのが目的だった。

要介護度が付いているかを問わず、高齢者なら誰でも参加できる。午前9時から午後4時まで、昼食を挟んでおしゃべりや歌、レクリエーションを楽しむ。費用は食事代（450円）だけだ。

古民家に場所を固定する前は、公民館や老人福祉センターを転々としていた。実母や介護のスタッフらに交代で手伝ってもらい、高齢者が来やすい

「地域の茶の間」で若いスタッフと折り紙を楽しむ女性たち。13年余、地元の高齢者の交流の場として愛されてきた＝盛岡市乙部

ようにと、送迎もずっとしてきた。

「やってみて分かったのは、お年寄りが意外と早く老人クラブの活動を卒業していたこと。隣近所に遊びに行くのも遠慮するご時世で、行き場所がないという声が多かった」と吉田さん。最近の参加者は多くて13人ほどだが、一時は希望者が増えて月に2回開いたこともあった。

同市乙部の吉田チヨさん（93）は、茶の間の常連。「周りの友達は亡くなり、外に出ることも少ない。楽しんで騒いでいるのが一番いいから、この日を指折りして待っている」と、頬を緩めた。

本業や経済団体などの活動の傍ら、これほど長く続けられた秘訣《ひけつ》は—。

吉田ひさ子さんは「お年寄りが本当に楽しみにしてくれているし、私自身もパワーをもらっている。車椅子の人を含め、送り迎えをしているのも大きいと思う」と分析。「茶の間は、私の活動の『原点』。お年寄りの居場所として、これからも続ける」とライフワークの充実を誓う。

吉田さんは自身の生き方に一番影響を与えた存在として、県中小企業家同友会（事務局・盛岡市）を挙げる。この組織は良い会社と同時に、良き経営者となる大切さを教えてくれた。

職員がつくる経営理念

吉田ひさ子さんは盛岡市東部の根田茂《ねだも》地区で生まれた。家は兼業農家で、6人きょうだいの下から2番目。上の4人は全員が男だった。「性格は男以上に男。中学校の時は、いじわるをする男子とよくやり合った」と笑い飛ばす。

簿記を覚えて事務職に就こうと、盛岡商高に進んだ。就職は安定した銀行を選ぶ人が多い中、「経理全般を任せてもらえる所がいい」と、市内の内装会社に入った。

この選択が良かった。吉田さんは「最初の上司にしっかりたたき込まれ、経験がどこに行っても通用した」と実感を込める。

いわてにっかを立ち上げ、事業を広げることができたのは、福祉への志があったからだけではない。「数字に強い」ことが、バックボーンになってきた。

同市黒川の設備工事会社、岩手日化サービスに転職し1年後、社長（現会長）の広身さん（69）と結婚。子育てや本業に励みながら、広身さんが入会していた県中小企業家同友会（会員約400人）の活動に、顔を出すようになった。

同友会には「経営指針を創る会」という取り組みがある。経営指針は、何のために経営するのかを明らかにする「理念」、それを実現する「方針」、具体的な「年度計画」などで構成。良い会社、良き経営者となり、社会に貢献していこうという全国的な運動だ。

吉田さんは2005年から助言者的な立場で関わり、のめり込んだ。「創る会は経営を半年間、とことん考える場。指針を作る側も助言者も、全てを裸にして付き合う。本音をぶつけ合う真剣さが他と違う。同友会だからこそ、一生の友ができる」と強調する。

いわてにっかは毎年、職員が主体となって経営指針を作る。吉田さんは13年から、同友会の3人いる代表理事のうちの一人を務める。会議などが重なると、ほぼ丸1日拘束され、他にも地域や各種団体の役目をこなす。

本業への影響が心配される多忙さだが「リーダーが育っているから支障はない。社長がいなくてもやれるのが基本」とさらり。現場に任せられるのは、指針作りなどを通じて職員を信頼するからこそだ。

いわてにっかの経営理念には「地域と共に歩み」「幸せの見える地域づくり」という言葉がある。地域を大切にするところも、吉田さんが同友会に共感する理由。思いは情報誌の発行や、企業のネットワークづくりで体現してきた。

お年寄りは地域の歴史

「最初はいったい何をする気か、という目もあった。ひさ子さんが本気だったから、みんなで協力した。この地図も本人は苦労したと思うが、残せて良かった」。盛岡市乙部の農業藤原忠男さん(86)が、地域の屋号を調べた地図を広げ、目を細めた。

藤原さんは、吉田さんと十数年来の付き合い。きっかけは、吉田さんが2004年から独自に発行を始めた地元情報誌「やさら」だった。

県中小企業家同友会の活動を通じ、中小企業の

屋号地図と地元情報誌をまとめた本を広げる藤原忠男さん。「やさら」の名は、集落の親方宅の集まりにはお膳が8皿出たという話に由来する

発展にとって地域の大切さを感じた吉田さん。知らない歴史や価値を掘り起こし、次世代に伝える方法として、情報誌を思い立った。他から嫁いできて情報が乏しい中、最初に頼ったのが藤原さんだった。

「やさら」は盛岡市の旧都南村河東《かとう》地区（乙部、手代森、黒川、大ケ生《おおがゆう》）にある神社仏閣や史跡、習俗の紹介とインタビューで構成する。吉田さんが、藤原さんら4地区の有志20人余に情報提供を受け、1人で取材、執筆、レイアウトまで担当。新聞に折り込み、年4回、足かけ15年で57回発行してきた。屋号調べも、地域を知る取り組みの一つだった。

吉田さんが、特に力を入れるのはインタビュー。ごく普通の高齢者の生まれてから今までを、丹念に聞き取る。「お年寄り一人一人が、『生活博物館』だと思う。人生から、地域の直面してきたさまざまな歴史が読み取れる。お年寄りがいるというのは、すごく大事なこと」。吉田さんは、そう確信する。

自身が立ち上げた「河東地区地元企業ネットワーク」も、地域を意識した活動。09年5月から月1回、経営者をはじめ農家、会社員ら7、8人が集まり、近況や悩みを語り合う。

参加する企業が、互いに仕事を回すことも多い。２０１８年１月には節目の１００回を迎えた。

現在力を入れるのがワイナリー構想で、吉田さんの長女千尋さん（27）が事業化を目指すワイン製造を、ネットワークの企業が応援する。同年３月に初めてブドウの苗を植えた。吉田さんは「この辺りは目立った観光地がなく、素通りされる。特産のリンゴの木も減っている」と危機感を持つ。「ワインが地域に足を止めさせる産業になると期待し、新たに協力してくれる経営者も出てきた」と、企業の力を生かした活性化にまい進する。

いわてにっかは近く、市内で五つ目となる施設の建築を始める。利用開始は２０１９年。大人の障害者らのデイサービスを充実させる。

地域のニーズが第一

介護福祉事業のいわてにっかコミュニティ企画は2019年4月、盛岡市乙部に新館を建て、サービスを一部再編。現在本館として使う古い民家の目の前に整備し、民家で行ってきた高齢者のデイサービスを定員を増やして移行。3棟目の有料老人ホームと、4カ所目の障害児デイサービスも併設する。

民家では、働くことが難しい大人の障害者向けのデイサービスを、20人規模で新たに始める。

吉田ひさ子さんは「新館も（年齢、障害の有無を問わず受け入れる）富山型にする。介護は人間らしく生きていただくものでなければならないし、施設は外との交流があることが大切」とこだわる。

18年6月にまとめた、いわてにっかの「10年ビジョン」。そこには、就労支援B型事業所や子ども食堂、認知症グループホームなど、目指す取り組みが時系列で書かれている。外国人技能実習生の受け入れ、今後検討する「新規ビジネス」という項目もある。

　吉田さんに迷いはない。「介護サービスをやって終わりじゃない。障害者の働く場所とか、食べられない子どものためになることとか、地域にあればいいと思うことを一つずつそろえていく。ばらばらのように見えて、そうではない」

　耕作放棄地の活用や施設利用者の就労などを考え、農業も始めた。本業にしろ、ボランティアにしろ、根っこには必ず地域のニーズがあり、つながっている。

　職場でも家庭でも、吉田さんのそばにはいつも家族がいた。特に経営者の先輩でもある、夫の広身さんの存在は大きかった。

「夫は最初だけ関わり、後は私に任せる。介護事業を始める時も『自分はやらないけど、これからの時代はいいと思う』と言ってくれた」と吉田さん。「何をするにしても、身近な人に反対されていたら思いを貫けなかったかもしれない」と、物心ともどもの応援に感謝する。

「女性活躍」が叫ばれる。官民でつくる、いわて女性の活躍促進連携会議（会長・達増知事）で副会長を務めるなど、経験を生かし、〝次〟を育てる期待も背負う。

吉田さんは「本当は男とか女とかの問題じゃないと思う」としながら、「女性が起業するチャンスは増えているし、夫と共に経営に関わる人も多い。トップになったときに問われるのは、自分が普段どのくらい学んでいるかだ」と語る。理想の経営と地域づくりへ、研さんを続ける。

有料老人ホームの入居者に声を掛ける吉田ひさ子さん（左）。介護事業に限らず、多様なアプローチでより良い地域づくりを目指す＝盛岡市乙部

【いわてにっかコミュニティ企画】盛岡市乙部に本社を置く介護福祉サービス企業（有限会社）。資本金5千万円。吉田ひさ子社長。2006年設立、翌07年4月に高齢者向けのデイサービスを開始。現在は同市の乙部・黒川地区の5施設で、高齢者、障害児のデイサービス各3カ所、住宅型有料老人ホーム3カ所、ヘルパーステーション（訪問介護）、訪問看護ステーション、相談支援事業所を運営する。事業所は名前の最初に全て「めだかの」が付く。職員70人。19年5月期の売上高は2億2200万円。

自社製品を作るには、相当な覚悟がいる。
生きるか、死ぬか

太田義武さん／大武・ルート工業（一関市）

一関市萩荘の大武《おおたけ》・ルート工業は、家電や自動車の生産工程にあるねじ締め作業を迅速に行う装置「ネジ供給機」の生産で、世界の主要なシェアを持つ。創業者で社長の太田義武さん(75)が開発の先頭に立ち、顧客本位の製品作りで市場を広げてきた。併せて、40年以上製造するランニングマシン「トレッドミル」は、国内の医療現場や大学などで活用。今後の成長を見据え、研究開発や営業態勢の強化も進む。家族、社員と共に、「あきらめない心」で逆境を切り開いてきた太田さんの歩みと決断に迫る。

【2018年10月7~12日掲載】

バブル崩壊で経営危機

「バブル経済の崩壊」。二十数年前、大武・ルート工業（以下大武）は最大の経営危機に見舞われた。赤字続きで資金繰りに窮し、早く売り上げが立つ商品を作る必要があった。社長の太田義武さんは親の援助を受けて苦境をしのぎながら感じていた。

「下請けでなく、（会社の名前で売れる）自社商品を持たないといけない」

太田さんは創業以来、下請けの無力さを味わっていた。今や大武の屋台骨となったネジ供給機の開発は、経営上の緊急性に加え、自立した企業になりたいという思いが原点だった。

バブル当時の大武は相手先ブランド（ＯＥＭ）で、スポーツジムや医療現場で使うトレッドミルを製造。バブルがはじけると、受注は落ち込んだ。

トレッドミルに代わる新しい商品を探していた太田さんに、台湾から一本の連絡が入った。「ねじの供給機なら、台湾で売れると思います」。トレッドミルの部品調達のために雇っていた、現地駐在員の知人からの提案だった。

ネジ供給機は、工業製品の組み立て工程にあるねじ締めを効率良く行うため、自動で作業員の手元にねじを運んだり、一定量を取り出せる装置。台湾では当時、日本の大手メーカーの製品が使われていた。

ネジ供給機は、大武にとって未知の商材だった。参考にしようと大手メーカーの製品を手に入れ、分解した。「これなら作れる」。太田さんは念のため、特許の有無を調べさせ

ねじの大きさや形状、ねじ締めの作業環境などに応じた多様な機種がそろう大武・ルート工業のネジ供給機＝一関市萩荘・同社

た。装置の至る所に、大手の特許技術が入っていた。

やめようと思わなかったのか――。「他社の特許があるからできないじゃない。別のやり方を考えて、作ればいいんだ」。完成品のメーカーとして会社を立ち上げ、社内にさまざまな機材がそろっていたことも挑戦を後押しした。この決断が、分かれ道だった。

装置の基本的な仕組みは、太田さんが考えた。ネジ供給機の開発中も厳しい経営は続いた。設計の遅れもあり、不眠に悩んだ。

ネジ供給機は1996年、待望の発売開始。「大きな期待はしていなかった。台湾で月に200~300台でも売れればと思っていた」。予想はいい意味で裏切られた。顧客を向いた高品質のものづくりに光が当たり、評判は海外からじわじわと広がっていった。

世界初のレール交換方式

ネジ供給機は、工場での効率的なものづくりに役立つ。この分野で世界有数のメーカーに育った大武は、年間約3万台を生産し、関連の売上高は約8億円。リーマン・ショックなど一時期を除き、ほぼ右肩上がりで成長してきた。

『人』よりも『機械』が会社をセールスしてくれました」。太田義武さんの妻で専務の節子さん（69）は、振り返る。

一番のライバルは、日本が世界に誇る大手家電メーカーだった。ブランド力では太刀打ちできず、特許の制約もあった。地方の一零細企業が選んだのは差別化。その象徴が、「世界初」となったレール交換方式の導入だった。

ネジ供給機は、ねじを装置中央のレールに入れ、所定の場所まで前進させてから、手動か自動で取り出す。ポイントはネジの太さ次第でレールを変えないといけないことだった。

太田さんは思いを巡らせた。1台でレールを交換できるようにすれば、顧客はわざわざ違う機械を買わなくて済む――。レール交換方式は利用者にとってコスト減になる半面、メーカーは販売数が伸びない。それでも「うちは後発。何か有利な物にしないと、買ってもらえない」と腹を決めた。

もう一つの特長は、レールにあるねじをスムーズに前進させる方法。既存品がレールに傾斜を付けていたのに対し、太田さんはレールを小刻みに振動させてねじを動かすようにした。

電動のひげそりを、レールに当てて実験した。振動式はレールの上でねじが詰まりにくく、ライバル機を性能で上回った。

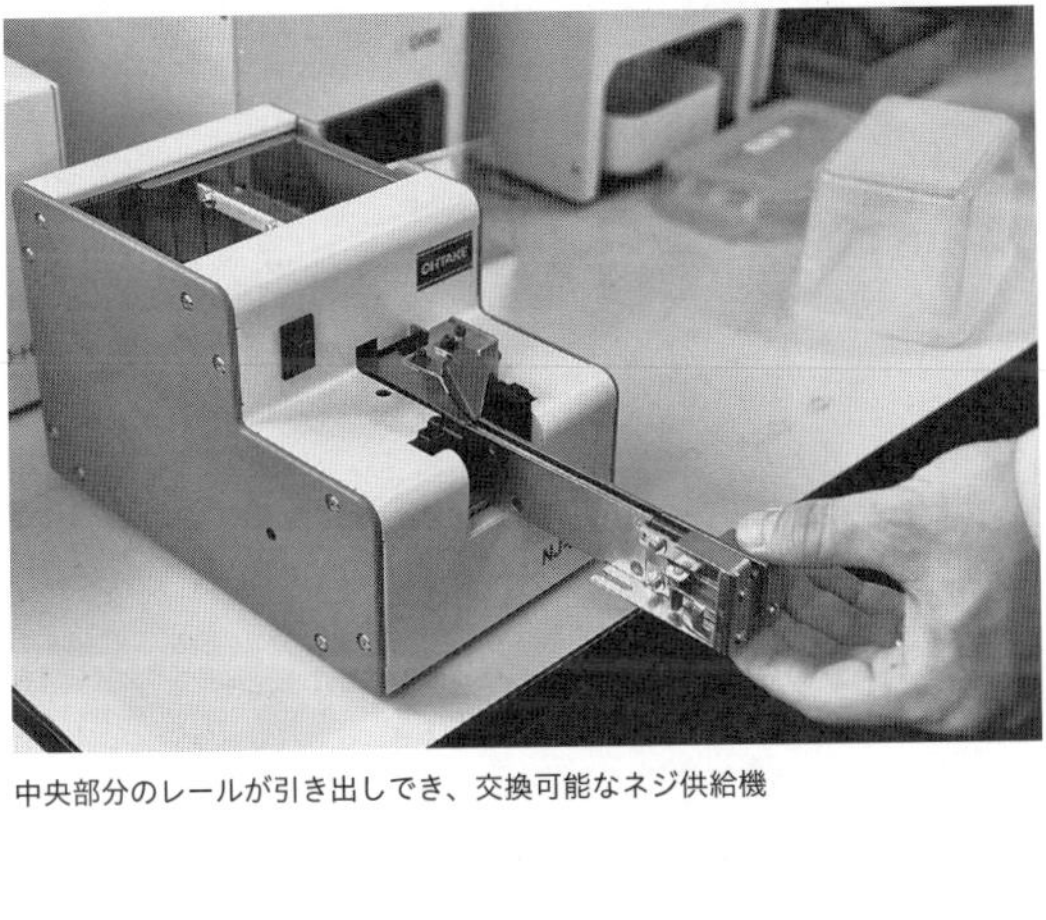

中央部分のレールが引き出しでき、交換可能なネジ供給機

大武の製品が最初に評価されたのは、〝トライアルフィールド〟と位置付けた台湾。国内に比べ、ブランド名にこだわらず、産業機器としての性能や価格を評価してくれた。寄せられた課題への対応は、品質の向上につながった。

ライバルの大手から相手先ブランド（ＯＥＭ）の生産を依頼され、一時は実際に取引した。大武の技術力が認められた証しだった。

直径が0・5～12ミリのねじに対応し、売り上げの7割は中国など30カ国以上の海外向け。家電工場のロボットに取り付けられているほか、トヨタ自動車関連との取引も進んできた。

厳しかった時代を忘れることはない。「自社製品を作るには、相当な覚悟がいる。生きるか、死ぬか。今の会社があるのは、ネジ供給機のおかげと言っていい」。太田さんは過ぎた日々に、思いをはせた。

大学を出て1年ほどで、大武を創業した太田さん。きっかけは、父親からの突然の「帰郷命令」だった。

原価下げの圧力

大武は、太田義武さんが実父の義雄さんに、半ば強制されて立ち上げた。東京の大学を出て1年ほど、24歳のことだった。

太田さんは大学で電子工学を専攻し、当時は都内で働き始めたばかり。「家を継げ。嫌なら自分の車を売って、自分で生活しろ」。太田さんは義雄さんの有無を言わせない態度に「こんなに早く戻るとは思っていなかったが、一人っ子だから仕方がない」とUターンを決めた。

製材業の技術者として全国を渡り歩いたという義雄さん。一関市に来てからは、製材機械の製造・販売で家族を養った。大手メーカーの子会社から新規契約の話が来たとき、義雄さんは他社との契約が残っていた。一計を案じ、息子の太田さんに別会社をつくらせることにした。こうして１９６８（昭和43）年、大武の前身、太武工業が設立された。

太田さんの会社は、義雄さんが資金面のほか、自身で雇っていた社員を移すなどバックアップした。幼い頃から「門前の小僧」として義雄さんの背中を見てきた太田さん。製造業の現場に違和感はなかった。

社員は20人ほどいて、月に300~500台の注文があった。しばらくは、利益も多かった。

1年半ほどしたころ、風向きが変わった。部品1点当たり原価を1円下げたら、全体でどれだけ安

スキートレーニングができるトレッドミル。1970年代後半以降、トレッドミルは製材機械に代わる製品の柱となっていった（大武・ルート工業提供）

くできますか―。発注元からの強力なコスト削減、原価低減のプレッシャーだった。「要求は継続的だった。うちは利益が残っていないから、できるはずがない。交渉にならず、作るだけ赤字が出た。大手との付き合いは要注意と分かった」。オイルショックの影響も受けた。太田さんは5年ほどで、この取引をやめた。

他に仕事の当てはなかった。警察犬用の犬小屋や木工旋盤を作ったが、営業力がなく、売れなかった。

背に腹は代えられないと下請けをすれば、昼も夜中も構わず生産をせかす電話が鳴った。太田さんは「妻と2人で『外注先になるのは嫌だ』と話していた」と吐露。苦労の大きさは、記憶の確かさに比例する。

反転のきっかけは、テレビで偶然に見た、犬用のランニングマシン（トレッドミル）。設計から部品の加工、組み立てまで自前で行った。業者に持ち込んだが、反応は冷たかった。

商機は残っていた。犬用の話をした会社の取引先から、ある自転車メーカーが人用のランニングマシンを欲しがっている―との情報が入った。太田さんは〝食い付いた〟。製材機械に代わり、大武の主力商品となったトレッドミル。試行錯誤して耐久性などの機能を高め、トレーニングから医療、リハビリへと用途を広げた。

価格競争とは一線

太田義武さんは1970年代半ば、製材機械の契約生産をやめ、ランニングマシンのトレッドミルに活路を見いだそうとした。

取引は自転車メーカーなどから始まり、スポーツクラブへ。相手先ブランド（OEM）契約を結び、バブル期は1台1800万円するスキーマシンも納品した。スポーツクラブとの取引は数年で打ち切られたが、開発の過程で今につながる独自技術を獲得した。

当初のトレッドミルは、何本も並べたローラーの上に、ベルトを敷いて走行面を作っていた。しかし、これは足の骨に悪いとされ、スポーツクラブが送ってきた米国製を見ると、ローラーの代わりに木製の板が使われていた。

開発に取り掛かったが、木の選定に手間取った。太田さんは「ベルトと板の摩擦が大きいと、モーターでベルトを回転させるうちに板がすり減ってしまった」と思い返す。

実験を重ね、最後に残ったのが、１種類の木材だった。耐久

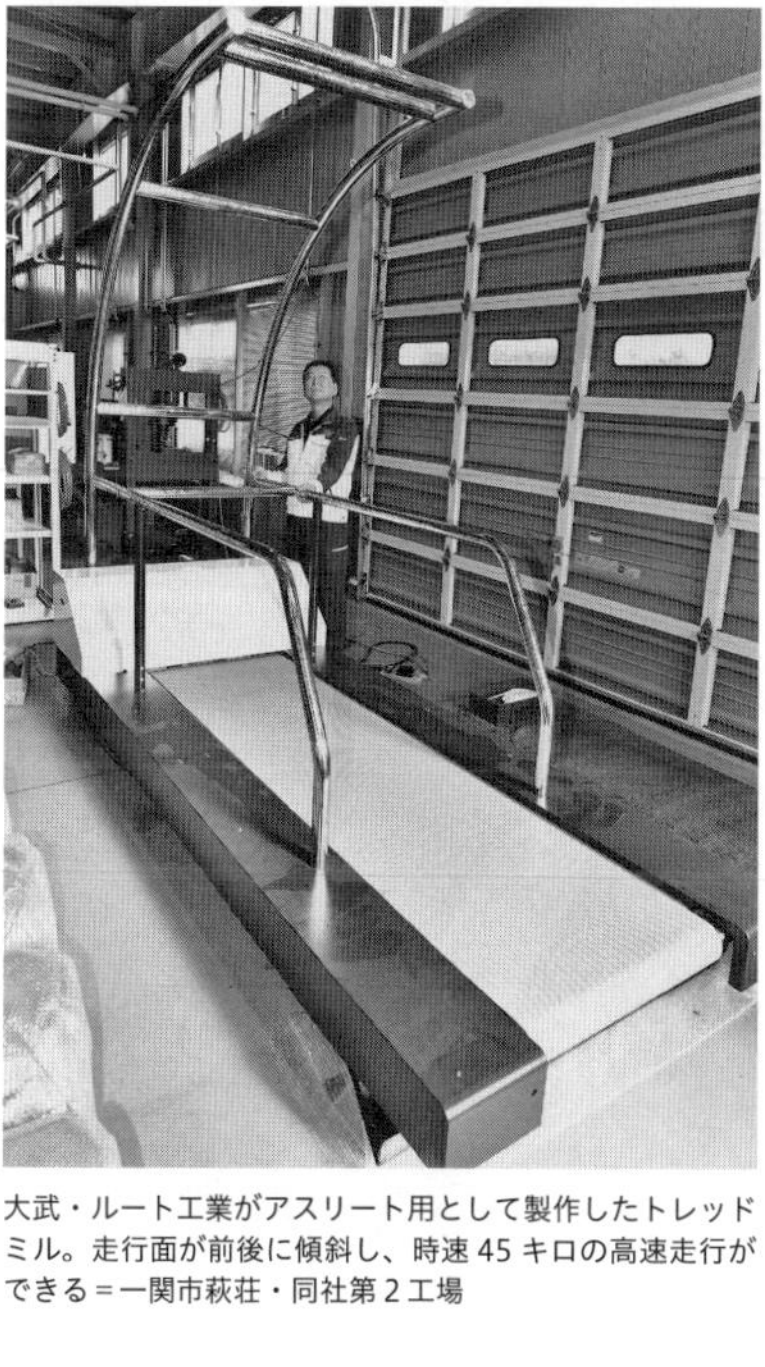

大武・ルート工業がアスリート用として製作したトレッドミル。走行面が前後に傾斜し、時速 45 キロの高速走行ができる＝一関市萩荘・同社第２工場

性に優れ「板だけ欲しいというメーカーもあった」と太田さん。「材種は」と聞くと、「天然木だが、秘密」。迫力ある口調で答えた。

トレッドミル事業はその後、都内の医療用電子機器の上場メーカー2社とOEM契約。医療用のトレッドミルは、運動で心臓に負荷を掛け、病気の有無を調べる。2社との取引は、大武のトレッドミル事業の柱として続いている。

アスリートの訓練や製品の検査・性能試験など、トレッドミルの用途は幅広い。力を入れようとしているのが、リハビリ向けだ。

開発を始めたのは15年以上前。太田さんの母、仁子《さとこ》さんが脚を骨折したのがきっかけだった。

病院に行くと、仁子さんが狭い廊下で補助具を付けて歩いていた。「トレッドミルでリハビリできれば良さそうだ」。車椅子でも乗り降りできるよう、走行面を低くしようと考えた。

一般的な走行面は高さ約20センチ。ローラーの小型化などを研究し、大学とも連携しながら低床化を進めた。2017年、「薄さ世界一」の高さ3・5センチのリハビリ兼トレーニング機を、自社ブランド品として発表した。改良を加え、本格的な市場投入を目指している。

トレッドミルは社内でほぼ一貫生産し、台数は年150台ほど。売り上げに占める比率は約2割だが、安い外国製に押され国産メーカーが撤退する中、価格競争と一線を画し、1台100万～1千万円台の量産、特注品分野で生き残ってきた。

「売れないときでも、未練があってやめられなかった。自社ブランド品として、海外でも売りたい」。かいてきた汗の分だけ、愛着は深い。

太田さんが経営について話すとき、随所に登場するのが家族。物心両面で支えられ、半世紀を生きてきた。

会社を支えた両親

「(病気をしてから) すごく冷たくなったなあ」。太田さんがしみじみ言うと、娘で常務の貴子さん(43)が、すぐに反論した。

「助け合うのは当然だけど、リハビリ一つしないのはどうなの…」。遠慮のない言葉だが、2人とも笑顔。仲の良さが伝わってくる。

太田さんは2010年3月、自宅で脳内出血で倒れ、100日ほど入院した。復帰はしたが、左半身にまひが残り、日常生活には車椅子が欠かせない。

「病気になったから考え方が変わった、というのはない。会社の将来への不安もなかった」と太田さん。後継者の貴子さんの存在が、安心感につながる。

貴子さんが家業に入ったのは都内の大学を出て、1年ほどしたころ。海外留学のため、就職しないでいるところを呼び戻された。

当時、大武の経営は苦しかった。3人きょうだいの一番上。貴子さんは「戻る気はなかったけれど、何となく戻らないといけない感じだった」と振り返る。

貴子さんは、太田さんの〝補佐役〟を務める傍ら、ネジ供給機の海外営業を担い、取引を大きく伸ばした。持ち前の快活さで、経済団体の活動にも参加し、人脈を広げた。

太田さんは「子どものころから好奇心が旺盛だった。取引先の信頼が厚いし、いろんな所によく出掛けていく。（社長職を）引き継ごうとしても、まだ受けてくれない」とうれしい悲鳴。貴子さんを含めた1男2女は、全員が家業に入っている。

今でこそ経営が安定する大武。ただ、50年前に創業

社長の太田義武さんを囲む節子さん（右）と貴子さん（左）。家族の絆が半世紀にわたる会社経営を支えてきた＝一関市萩荘、大武・ルート工業

してしばらくは、いばらの道だった。技術と資金が、乗り越える力になった。2011年に相次いで亡くなった、太田さんの父義雄さんと母仁子《さとこ》さんの助けは大きかった。

トレッドミルの走行板に適した木を、実験を繰り返して見つけたのは義雄さん。90歳を過ぎても現場で働いた父に、太田さんは「うちのトレッドミルは、今の走行板があってこそ。一番に貢献してくれた」と頭を下げる。

「バブル崩壊後は、毎月が赤字。義母はほとんどの遺産を、会社につぎ込んでくれた。あのお金がなかったらつぶれていました」。太田さんの妻で専務の節子さん(70)は話す。資産家の娘だったという仁子さん。億単位の資金が、一人息子の苦境を救った。

太田さんと節子さんは、結婚47年目。時に一緒に開発に励み、資金繰りに悩めば「栗駒の方に行って、一緒にうどんを食べて励まし合いました」(節子さん)。

「(妻は)いい協力者だ」。太田さんは、短い言葉に全ての思いを込めた。

外部の応援も受けて、飛躍を目指す大武。米国支社の開設、ネジ供給機、トレッドミルに続く「第3分野」の強化など、攻めの経営を加速する。

世界で喜ばれる商品を

大武は、海外向けのネジ供給機の生産が主力。2008年のリーマン・ショック後は一時、年間売り上げが半分になるなど、業績は世界の好不況に大きく左右される。安定して稼げる体制づくりへ—。鍵は、営業や技術開発、管理体制など組織全体のレベルアップだ。

営業面は2019年2月をめどに、米国に海外で初となる支社を開設する。娘で常務の貴子さんが2018年10月、準備のために渡米。ニュージャージー州を拠点に米国内のネジ供給機の販売代理店をまとめ、弱電、自動車メーカーへの売り込みを強める。

貴子さんは「米国は景気が良く、工場の国内回帰もみられるが、(ネジ供給機は)台湾や中国製が主で、大武は伸ばせていない。アジアの販路の再構築などと合わせ、きちんと売ることができれば、ネジ供給機の売り上げは今の約8億円から、30億、40億円規模に伸ばせる」と意気込む。

「社外の知恵」も積極的に吸収している。震災後に東経連ビジネスセンター（仙台市）と関係ができ、ブランド戦略や海外に出回る模造品対策を進めている。外資系の大手メーカーなどで研究開発の実績を持つ男性を「技術顧問」として招き入れ、開発水準の高度化、大学との連携強化にも励む。

ネジ供給機、トレッドミルに次ぐ、〝3本目の柱〟と期待する製品が「QOMマシン」。QOMは「Quality of Motion」の略で、東京大の小林寛道名誉教授が提唱する「動作の質」に着目したトレーニングを指す。

「体幹ひねりマシン」「舟漕《こ》ぎマシン」などと呼ばれ、大武は15年ほど前から小林名誉教授の依頼で作ってきた。貴子さんは「スポーツジムに向けて、トレッドミルに代わる新しいカテゴリーの商品として売りたい」と展望する。

大武・ルート工業の社名の「・」は、太田の「太」から外に出した。「植物の根」を表すルートと合わせ、世界に出して喜ばれる商品、見えない所で生産を手助けするような商品を作る、との意味がある。

２０１０年に太田さんが倒れたこともあり、実務の柱は貴子さんに移った。そのことで、太田さんは好きな開発の仕事に専念できるようになった。

「単発でなく、（長く会社の製品として残る）種が消えない物を作りたい」と、ものづくりへの意欲は衰え知らず。経営者に一番大切なことは―と聞くと、「良い商品かどうかの見極めは難しいもの。諦めないでやるしかないね」と笑った。

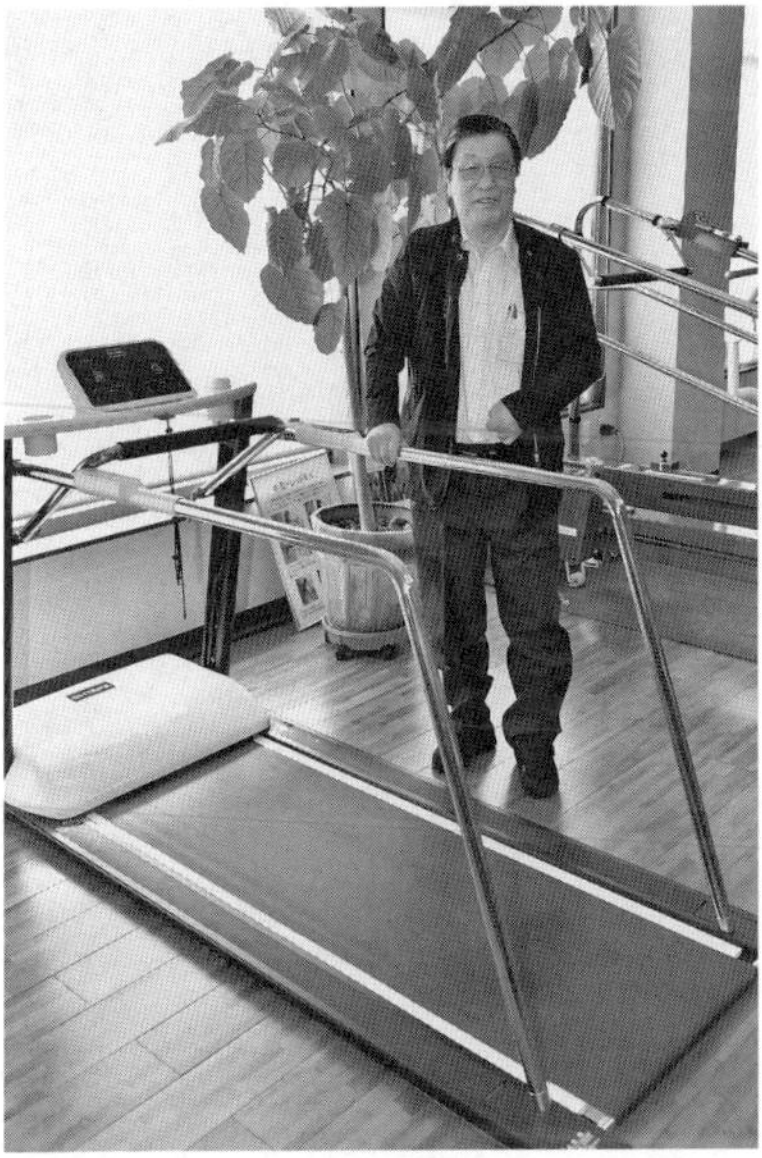
走行面が高さ3．5センチの低床型トレッドミルに手を掛け「改良し、『OHTAKE』のブランドで海外でも売りたい」と語る太田義武さん＝一関市萩荘、大武・ルート工業

【大武・ルート工業】一関市萩荘に本社を置き、トレッドミル（トレーニングや医療、リハビリ、検査目的の歩行型機器）とネジ供給機を開発・製造・販売。太田義武社長。資本金4千万円。1968（昭和43）年に太田社長が太武工業を設立し、製材機械の製造を開始。75年にトレッドミル、96年にネジ供給機の販売を始めた。ネジ供給機はスマートフォンや家電の製造工場を中心に国内外30カ国以上に導入。90年に社名を現行名に変更。同市内の本社工場、第2工場のほか、仙台市内に営業本部と研究拠点（東北大学内）。海外は米・ニュージャージー州とチェコ・プラハに子会社の販売会社を置く。一関を中心にネジ供給機の協力会社約20社。社員47人。2019年9月期の売上高8億5000万円。

適正規模という考え方は好きじゃなかった

照井耕一さん／西部開発農産（北上市）

北上市和賀町後藤の西部開発農産は、作付面積約970ヘクタール（2018年度計画）を誇る国内有数の農業法人。創業社長で2016年まで会長を務めた照井耕一さん（74）が食料を作る尊さを胸に、地域の農地を守り続けてきた結果が、現在の大規模経営につながった。土地の有効利用や作業の効率化、畜産、除雪など多角化を推進。「現場主義」を貫き、若い農業者の育成にも心を砕いてきた。常に土と生きてきた照井さんの歩みと、農業経営者としての決断を伝える。

【2018年11月10〜15日掲載】

農家に住み込み

「俺は農業で生きる」。西部開発農産前社長の照井耕一さんにとって、高校卒業時の進路が、人生で一番の決断だった。

開拓地だった旧和賀町後藤に両親が入植したのは、終戦間もない1947（昭和22）年。照井さんは3歳だった。

酸性土壌の不毛の地。作物は満足に育たず、生活は貧しかった。押し麦やヒエ、アワが主食で、夕食が1カ月近くトウモロコシだけということもあった。

8歳の時、父の今朝治《けさじ》さんが病死。一家の大黒柱の死で、3人きょうだいの長兄だった照井さんは、必然的に稼ぎ手になった。

小学校の高学年になると、田植えや稲刈り時期は学校を休み、よその農家を手伝った。1週間働いて、5升（7・5キロ）の米をもらった。照井家にとって、何よりのごちそうだった。

中学の3年間は、春から秋まで地域の篤農家に住み込んだ。毎朝3時半に起き、農作業の準備をしてから登校した。お金がなく、実家で飼う乳牛の餌入れ袋を破いて、かばん代わりにした。

「ばかにされたけど、おふくろに苦労を掛けているから、周りに何を言われようが平気だった」。夫を亡くし、女手一つで自分たちを育てる母フクエさんを助けたかった。

農業高校への進学を希望したが、貧しいゆえの壁があった。中卒で出稼ぎに出る者も多かった時代。「高校に進むなら生活保護は打ち切る。学費を自分で賄うならいい」が、役所のルールだった。

篤農家に「あと3年使ってほしい」と頭を下げた。中学時代と同様、親元を離れ、自転車で片道45分の北上農高に通った。

勉強の成績は悪くても、得意分野があった。米作りや牛、豚の世話。「農業高校でも農作業を知らない生徒が多かった。自分は毎日やっていたから、先生が褒めてくれたし、頼りにしてくれた」。評価は、勉強への意欲につながった。

推薦するから農協に行け。農業は(将来の)奥さんにさせればいい—。進路を決めるとき、そんな学校の指導に腹が立った。

「女だけ働かせるのは嫌。食べ物を作れば、おふくろが安心する。食べ物の大切さは体に染みついていた」。18歳の春、農地4ヘクタールと乳牛2頭の実家に就農した。

家業から農業法人化し、今では「国内最大級の複合経営体」(照井さん)となった西部開発農産。農業への真っすぐな気持ちが、肥沃《ひよく》で豊かな事業基盤を築いた。

痩せた土地も引き受ける

北上市和賀町後藤の30アールの大豆の転作田。２０１８年10月半ば、照井耕一さんが操るコンバインが、軽快な音を立てていた。４年前に白血病を患い、生死の境を見た。その時以来となる刈り取り作業を任され「ぼけ防止に一番。ぐっすり寝られるし、酒もうまい」と張り切る。

西部開発農産が作付けを行う農地の実面積は北上市を中心に、北は花巻市から南は奥州市胆沢までの約８４０ヘクタール。県内の１経営体平均は2・６ヘクタールで、同社の規模は桁違い。二毛作も行い、18年度は水稲、大豆、小麦、ソバなど約９７０ヘクタールの作付けを計画する。

作付けは創業した１９８６（昭和61）年（53ヘクタール）の18倍強に上り、特にこの10年で倍増した。飛躍的な発展の陰には、照井さんの「もったいない精神」があった。

耕地のうち同社所有は約2割。多くは、高齢化や担い手不在で作付けできなくなった農家からの借地と、生産調整で転作を任された農地だ。

水分が多い、区画が狭い、日陰、土地が痩せている──。悪条件の場所でも、構わずに引き受けてきた。

「食べ物を作るのが楽しいから、困っている人がいれば引き受けた。西部はこのやり方で信用されてきた。せっかくの農地で何も作らないのは、もったいない」

どこまで広げる気ですか、農業には適正規模というものがあります──。面積が増えてきたころ、国の役人の一言に、闘志をかき立てられた。

「規模拡大が目的だったわけではないが、適正規模という考え方は好きじゃなかった。農機や農地をフル

小麦が立毛間播種された大豆の転作田。農地、機械の有効活用と省力化が大規模経営を支えている＝2018年10月、北上市和賀町後藤

活用すれば、機械、設備の償却をしながらでも利益は出せる」と照井さん。挑んだのが約20年前、県内で当時ほぼ例がなかったというソバの裏作だった。

夏に小麦を刈り、秋に次の種をまくまでの期間を使って、ソバを作った。この方法は、小麦の収穫の際にソバが混じるコンタミ（異物混入）の心配が大きかった。

「農協などには無理だと言われた。社員の負担も増えたが、土地の利用率が上がり、収入にもなると思ってやることにした」

除草剤の適期散布を徹底して、ソバが残っていれば手で取った。自分たちの技術を信じて続けた。ソバは今、約2千万円の売り上げを出すまでになった。

水稲の「直まき」、大豆、小麦などの「不耕起栽培」、大豆の刈り取り前に小麦をまく「立毛間播種《りつもうかんはしゅ》」。貪欲に新技術を取り入れ、作業の省力化に努めた。本社敷地には大型機械がずらりとそろい、ライスセンターや加工場、倉庫などが立ち並ぶ。

会長職を退いて2年余。同社が作付けを頼まれる農地は、悪条件の所がますます増えている。照井さんは現状を理解しつつ、〝原点〟を訴える。「うちは借り受けるのが前提。

どうやればできるのか、まずは考えることだ」と。

西部開発農産は1986年、県内の農業法人の先駆け的存在として設立された。一人の農業改良普及員の後押しがあった。

営農法人立ち上げ

照井耕一さんが、個人営農から法人営農に切り替えたのは41歳の春。法人化を勧めたのは、元北上農業改良普及センター所長の古川嘉雄《よしお》さん（77）＝花巻市東和町＝だった。古川さんは当時、県の農業改良普及員として和賀町地区を担当。照井さんと仕事を通じて交流があった。農村人口の減少、担い手の育成、経営基盤の強化は今と変わらぬ課題だった。

古川さんが照井さんを見込んだのは、農業への真っすぐな姿勢。「とても情熱的で、人一倍働いていた」。農作業の協業化は徐々に進んでいたが、法人組織はまだ少なかった。古川さんは税制や資金繰り、補助事業の導入など法人化のメリットを訴え、照井さんのやる気を刺激した。

照井さんは若い頃から、「リーダーシップを取れる人間になりたい」と思ってきた。きっかけが、27歳で訪れた欧州7カ国の酪農視察。県の事業に、地域からただ一人推薦された。

照井さんは「報告会などで海外の話をするようになり、自分が先に立ってやらないといけないない気持ち

現事務所の斜め向かいにある創業当初の事務所。壁はトタンの簡易な造りで、今は各種資材などの倉庫になっている＝北上市和賀町後藤

が芽生えた。そのために、信用される人間にならなければと思った」と振り返る。

行政や農協の支援もあり1986年、小麦50ヘクタール、大豆3ヘクタールの作業受託から会社をスタートした。メンバーは、自分と現専務の小原信正さん（60）ら個人の頃から一緒に働いていた3人。古川さんは足しげく通い、規約や作目別の収支計画作りなど手弁当で世話した。

「古川さんは和賀から転勤した後も休日などに来て、経営をみてくれた。ものすごく感謝している」と照井さん。2人の付き合いは、現在も続いている。

照井さんが法人化に当初期待したのは、補助金の受給。立ち上げると、それは二の次だった。3、4年後から会社への視察が増え、注目度がアップした。企業経営という安心感から、人材が集まってきた。

経営者となっても変わらなかったのが「現場主義」。夏は午前3時半起きで農地に行き、規模拡大が進んでも週末は社員の代わりに農業機械を動かした。

「例えば、稲の苗は日が昇る前に見て、先端につゆが上がっていれば健康。豆の伸びが悪ければ、土に酸素が少ない。作物は生きていて心があるから、行って声を聞かないといけない。自分で聞いて、社内で話すことで社員は育っていく」

経営を離れ、やることは一つ。赤いつなぎ姿で、今日も土のにおいをかぐ。

農業はプロだが、企業経営は素人だった。資金繰りには苦しめられた。

窮地救った地元信金の融資

西部開発農産は平成に入ると、県農業賞や農林水産祭内閣総理大臣賞に相次いで輝いた。農業法人として知名度が高まる一方、足元の経営は時に火の車だった。

「1億円の生命保険に入っていた。自殺しようかと思った」。照井耕一さんは20年ほど前の危機を思い出す。

　作物が思うように取れず、累積赤字が3年で5千万円に達した。〝メインバンク〟だった農協からの追加融資が見込めない中、給与の支払日が迫っていた。「いよいよ、だめか」。追い込まれて初めて、頭を切り替えられた。「死ぬ気だったら何とかなる」。地元の信用金庫に走り、1千万円の融資を頼み込んだ。担保はなかった。

　3日後、急転直下の融資が決まった。信金には若い頃、知人の連帯保証人として300万円を返済した苦い記憶があった。

　信金は、当時の照井さんの潔い対応を覚えていた。年月を経ても、個人への信用は続いていた。「1千万

西部開発農産の耕作地を作物ごとに色分けして記した地図。北上市を中心に作付け地は3市1町に広がる。左は照井勝也社長＝北上市和賀町後藤・同社

円で、あの世にいかなくて済んだ。自殺とは、今考えるとばかな考えだった」

その後、大豆の大豊作などがあり、3年で累積赤字を解消した。「天気が悪くて作れなかったでは、理由にならない。大切なのは、頭を使うことと、前向きにやる意欲」。照井さんが窮地から学んだ教訓だ。

経営危機を脱した後も、資金繰りの悩みは続いた。作付けが広がったが、農地の大半は「借り物」。照井さんら創業メンバー3人の宅地を担保にした農協の融資5千万円では、とても足りなかった。

2004年、農林漁業金融公庫（現日本政策金融公庫農林水産事業）との取引拡大が、転換点になった。着任のあいさつに来た盛岡支店長に資金難を打ち明けると、数カ月後、8千万円の融資が決まった。この時も担保はなく、創業メンバー3人の連帯保証のみだった。

その後、農協からの借り入れもなくなり、財務は劇的に好転。「農協から高い資材を買わなくて済み、コメも大手商社に高く売れるようになった。規模拡大が進むと、取引条件はさらに良くなった」。経営の大規模化が加速していった。

西部開発農産はコメ、麦など土地利用型農業の傍ら、畜産や加工品製造を加えた複合経営で、高い評価を受けてきた。

肉牛で最優秀賞

「自慢じゃないが、牛のことならプロだと思っている」。照井耕一さんが胸を張る。西部開発農産はコメや大豆、小麦などの大規模作付けで成長したが、肉牛事業（約250頭）も年に約6千万円を売り上げる基幹事業の一つだ。

照井さんの実家は元々、母親のフクエさんが乳牛を飼っていた。照井さんは高校卒業後に就農すると、付き合いのあった獣医師から農業の手伝いを頼まれるようになった。

動物の診察を見聞きするうちに「（処置方法などは）だいたい分かるようになった」と照井さん。まだ法人化する前、最初の妻を病気で亡くしたことで、実家も重労働の酪農から肉牛の肥育に切り替えた。

10年ほど前には、経営不振からオーナーが次々変わった北上市内の牛舎を購入。「牛はストレスを与えると太らない」と飼養頭数を絞り、品質の向上に努めた。その後、繁殖との一貫生産に乗りだし2011年、全農主催の肉牛枝肉共励会（和牛雌の部）で最優秀賞を獲得。「言行一致」を証明してみせた。

肉牛の繁殖と肥育の一貫生産を行う西部開発農産の牛舎。事業の多角化は経営の安定と雇用維持につながっている＝北上市和賀町岩崎新田

肉牛事業は、新たな展開もみせる。長男で現社長の勝也さん（49）が主導し17年10月、北上市北鬼柳に焼き肉店「まるぎゅう」をオープン。同社生産の牛肉は「きたかみ牛」ブランドで提供し、店の初年度売上高は1億円を突破した。

ロングセラーの「ひまわりみそ」の製造や野菜栽培を加えた同社の複合経営は2010年、日本農業賞大賞として結実。照井さんは「大賞は誇りになった。全国に知られることで、責任の大きさも感じる」と、モデル経営体の自覚を強める。

同社の2018年4月現在の従業員数（役員除く）は社員45人とパート60人の計105人。通常の農業経営は、田植えや稲刈りの季節こそ多くの人手が必要な半面、冬場の作業は限られる。

「高速道の除雪をやらないか」。知人から声を掛けられたチャンスを逃さなかった。農機操作に慣れた社員たちにとって、除雪は格好の仕事になった。パートには野菜栽培と大豆の選別という作業を用意した。

「除雪は安定した収入があり、会社の収益力をアップさせた。パートさんも仕事が通年であれば、安心感を持って働いてもらえる。人はうちの宝であり、財産」。照井さんは感謝を忘れない。

規模拡大と海外への近代農業の普及を目指し、ベトナムに進出した。しかし現実は厳しく、自身も思わぬ大病に見舞われた。

海外展開への情熱

西部開発農産は2015年、ベトナム・ハノイに同社初の海外現地法人「西部農産ベトナム」を立ち上げた。

「規模拡大のため、海外展開できないか」。照井耕一さんが最初に可能性を探ったのは中国。8年前のことだった。

上海近郊の農地を紹介されたが、川は鉛が浮いているような汚れだった。無理と分かりつつ、「口実」を兼ねて1年だけコメを栽培。日中関係の緊迫化も理由に撤退した。

国内で環太平洋連携協定（TPP）の論議が始まり、日本の農業はますます厳しくなると感じていた。取引先の話から、ターゲットをベトナムに変更。現地の事情を2年間見て歩き、世界有数のコメの輸出国にもかかわらず、機械化が遅れている現状を知った。「ベトナム農業の近代化」が、照井さんの新たなモチベーションになった。

13年、現地で日本米の試験栽培を始めた。まず

稲刈り前の田んぼで従業員と語らう照井耕一さん（右から2人目）。「病気からここまで回復するとは思わなかった。まだしばらくは農業をやりたい」と語る＝北上市和賀町藤根

まず良いコメが取れたが、課題は多かった。「政府からコメを売るライセンスが出ず、農地も借地。社会主義国のため、外国企業が経営権を握る合弁会社の設立も難しかった」

課題は依然残るが、あきらめてはいない。期待は、所得増などから消費が伸びている牛肉の生産（肉牛肥育）。海外進出は社長時代に肝いりで始めた。「俺はまだ15年、20年は生きる。その間に何としても形になれば」。心は第一線のままだ。

近年は胃がん、白血病と大病が続いた。２０１４年に発症した白血病では、妻の麗さん（59）ら家族が「余命1カ月」と宣告されるほど。1年間の入院を経て、「奇跡の奇跡」（照井さん）で病に打ち勝った。体重は20キロ減った。

この間、長男の勝也さんに社長を譲り、2年前には会長職も辞した。次男の渉さん（47）は常務として財務面を支えている。

勝也さんは「経営の考え方には違いがある」としながら、「農地を大事にしようという精神は尊敬している」と語る。農村も農政も大きく変わってきた時代にあって、耕作条件の良しあしに関係なく、頼まれれば作物を作ってきた父親の姿勢は理解している。

照井耕一さん／西部開発農産

照井さんの信条は「体験や勉強は、若い時ほど身につく」。社員の平均年齢は30代前半と若く、創業以来、児童生徒や学生の体験・実習活動にも、積極的に対応してきた。泊まりがけで研修生が来れば、今も自宅で一緒に食事を取る。

伝えるのは「人は食べないと生きられない。食料を作る農業は一番素晴らしい仕事」という確信。時代はどんなに変わっても、農業人としての誇りがあせることはない。

【西部開発農産】北上市和賀町後藤に本社を置く農業法人。作付面積は北上、花巻、奥州、金ケ崎の3市1町の約970ヘクタール（2020年度計画）。照井勝也社長。資本金2697万円。1986（昭和61）年に照井社長の実父で前社長の耕一氏が有限会社で創業。積極的な農地の借り受けで事業規模を広げ、現在は水稲、大豆、小麦、ソバなどを生産する。96年に畜産を個人から法人事業に移した。肉牛の飼養頭数は約250頭。みそ、乾麺などの加工事業のほか、北上市内で焼き肉店1店も経営する。2010年日本農業賞大賞。11年株式会社化。15年にベトナム・ハノイに現地法人を設立した。従業員110人。20年3月期の売上高は6億円。

キャピタルが倒れれば、地域が倒れる

松田修一さん／キャピタルホテル１０００（陸前高田市）

陸前高田市高田町のキャピタルホテル１０００。２０１３年11月、東日本大震災で壊滅的な被害を受けた同市の高台で本格営業を始め、交流、観光の拠点として欠くことのできない存在となっている。地元出身の松田修一社長（51）はオープン直前に、県内の温泉ホテルから転職。理想と現実のはざまでもがきながら、ホテルを守ってきた。県職員から民間企業に転じ、経営者としての成長と地域の再生を目指す松田さんの歩み、決断を追う。

【２０１８年12月２〜６日掲載】

陸前高田の復興のために

　2013年夏、陸前高田市の陸前高田商工会の会議室。当時花巻温泉で働いていた松田修一さんは、キャピタルホテル会長だった小山剛令《おやまよしのり》さん＝15年5月死去、70歳＝と、初めて向き合った。

　キャピタルのグランドオープンが、11月に迫っていた。「うちに来てほしい」。小山さんの申し出に、松田さんは「いずれは高田に帰ってきたいと思っている。給料は二の次。仕事は何でもいい」と応じた。

　盛岡市内で妻の恵美子さん（53）、小学生の長女と暮らしながら、花巻に通っていた。陸前高田への単身赴任に、恵美子さんは消極的だった。

「小山さんは、ホテルを経営できる人を探しているようだった。かみさんは収入のことも心配していた。自分も悩んだが、やはり『どうしても帰らないといけない』と説得した」。

オープンまで2カ月足らずの13年9月、転職を決めた。役職は会長、社長に次ぐ、ナンバー3の専務だった。

松田さんは陸前高田市気仙町生まれ。大学を卒業して県職員になり、花巻温泉に移ってからも、陸前高田に戻りたい気持ちはずっと持っていた。「本能のようなもの。素朴に、将来は高田のためになることをしたいと思っていた」

古里への思いを強めたのは、11年3月の東日本大震災。営業で訪れていた台湾で、一報を聞いた。

現地の観光会社のモニター画面に、仙台空港が津波にのまれる様子が映し出されていた。地元で1人暮らしをする母まことさん(74)の無事が確認できたのは、震災発生から4日後。2歳上のいとこや、小中学校時代の同級生が13人犠牲になった。

花巻温泉に籍を置きながら11年4月、行動に出た。陸前高田市の仮庁舎を訪ね、戸羽太市長に採用を直訴した。残りの人生を高田の復興のためにささげたい―。手紙に思いを込めた。

市役所と縁はなかったが、その後も地元や高校時代の友人らを頼りに、市内での仕事を探し続けた。

小山さんとの出会いは、陸前高田商工会で小山さんの同僚だった親戚が仲介してくれた。震災から2年余がたっていた。

キャピタルは1989年の旧ホテル開業以来、市民に「陸前高田の迎賓館」と親しまれた。震災後の営業再開は復興の象徴。「自信はなかったが、高田のために何とかしたいと意気込んでいた」。しかし、現実は厳しかった。

人手も経験も足りないまま

キャピタルホテル1000は2013年10月25日、関係者約130人を招いて落成祝賀式典を行い、プレオープン。11月1日にグランドオープンした。

開業への道は、困難を極めた。三菱商事復興支援財団の1億円出資などを受けながら、資材の高騰や造成遅れに直面。開業は予定より半年以上ずれ込み、建物の引き渡しも、プレオープン直前という綱渡りだった。

準備当初から関わり、オープン後は2年余、支配人を務めた人首《ひとかべ》ますよさん（54）＝同市気仙町＝は「会社の立ち上げから全てが一からで、手探りだった。必死にやったがスタッフが足りず、開業できるか不安があった」と振り返る。

松田修一さんはそんな開業目前のホテルに、専務として飛び込んだ。「式典などの準備がまるでされていなくて、このままでは恥をかくと思った。自分は県庁ＯＢの〝落下傘〟。

従業員には構えられたが、気にしていられなかった」

被災地で待望の再開を果たしたホテルには開業早々、全国から復興支援目的のツアー客が訪れた。宿泊は連日ほぼ満室で、陸前高田市民の宴会場の利用も多かった。

表向きの盛況とは裏腹に、受け入れ側の態勢は、「寄せ集め」だった。当時の従業員は、震災前の旧キャピタルからの継続組と地元の高校を出た新社会人らパートを含む30人足らず。人手と経験が不足する中、仕事は多忙を極めた。

「誰が休むかも分からない、マネジメントが喪失した状態。ぎすぎすして会話も少なかった」。社長は、営業などで不在のケースが多かったという。松田さんも求心力を高められずにいた。

15年5月、会長だった小山剛令《よしのり》さんの死が動揺を広げた。小山さんは体調を崩しながら旧キャピタル時代から経営を支え、従業員から慕われていた。

小山さんの死から間もなくの取締役会で、松田さんは社長に就任した。小山さんの妻で現取締役の光子さん（69）＝同市高田町＝は「松田さんを社長にするのは夫の考えだった」と明言するが、突然のトップ交代に唐突さを感じた社員もいた。

松田さんは「社内に不安を与えた責任は感じる。生前の小山さんともっと濃密な時間を持って、経営の在り方を指導してもらえば良かった」と残念がる。

時に「独り相撲」と見られ、周囲と衝突しながら、組織による業務運営、適切な原価管理など目指すホテルづくりに励んできた。従業員34人のうち、13年の開業時からいるのは料理長ら5人だけになった。

松田さんは、自分にこう言い聞かせてきた。

「10年後、30年後のホテルを考えたら、なあなあ

年末の営業戦略を練る会議で、松田修一さん（手前左）の話に聞き入るスタッフ。ホテルの従業員は開業時から多くが入れ替わった＝陸前高田市高田町、キャピタルホテル1000

にして、逃げてはいけない」と。

松田さんは元県庁マン。公務員を志したのは、収益ありきの民間企業への漠然とした違和感だった。

観光分野の仕事

松田修一さんは少年時代、陸前高田・第一中から盛岡一高に進み、甲子園を目指した。高校では1年生からベンチ入りし、2年生で中堅手のレギュラー。3年間は寮生活で、部活動の休みは年に10日ほどだった。夢はかなわなかったが「あきらめてはいけないことを学べた」と、培った根性が財産だ。

大学は2浪して早稲田大へ。「おやじが遠洋漁船の機関長で、出漁すれば1年半から2年半は家にいなかった。稼ぎが良かったから、自分は野球をやって、盛岡に出て、予備校も通わせてもらった。ベンツ1台分の金は捨てさせたと思う」と、50代半ばで他界した父吉平《きちへい》さんに感謝する。

バブル景気の中で学生時代を送った。就職は公務員一本。「長男だから田舎に帰りたかった。公務員は社会を広く見られるし、民間企業の金稼ぎは、どこか〝卑しい〟と考えていた」。

1992年春、県職員として社会人生活を始めた。

県庁で一番長く担当したのが、観光分野。本庁などで計6年間関わり、JRと組んだイベント開催や台湾、韓国からのインバウンド（訪日外国人観光客）誘致などを経験した。

交流人事で入庁8年目から2年間働いた石川県庁の仕事は、刺激が多かった。

石川は金沢や能登を抱える観光先進地。有名な温泉旅館・加賀屋（同県七尾市）などのサービスに触れ「料理の質の高さや丁寧な仲居さんの接客など、おもてなしが文化になっているから、海外の人も喜んで帰る」と受け止めた。

観光の仕事は、内面も変えた。岩手の〝セールスマン〟として活動し「昔は人見知りだったが、度胸が付いた。性格は意識によって変わると思った」

転機は、県庁入りから丸10年を過ぎて配属された本庁農林水産部。部内の組織や人事担当になり、定期異動の時期は検討のため、少人数で部屋にこもった。

「人物を冷静に、しっかり見る勉強になった。ただ、観光の仕事と180度違い、つらかった」

久慈、盛岡の2地方振興局でも働いた。一生懸命やったが「デスクワークは県民のために働いている実感がなかった」と、気持ちの歯車は戻らな

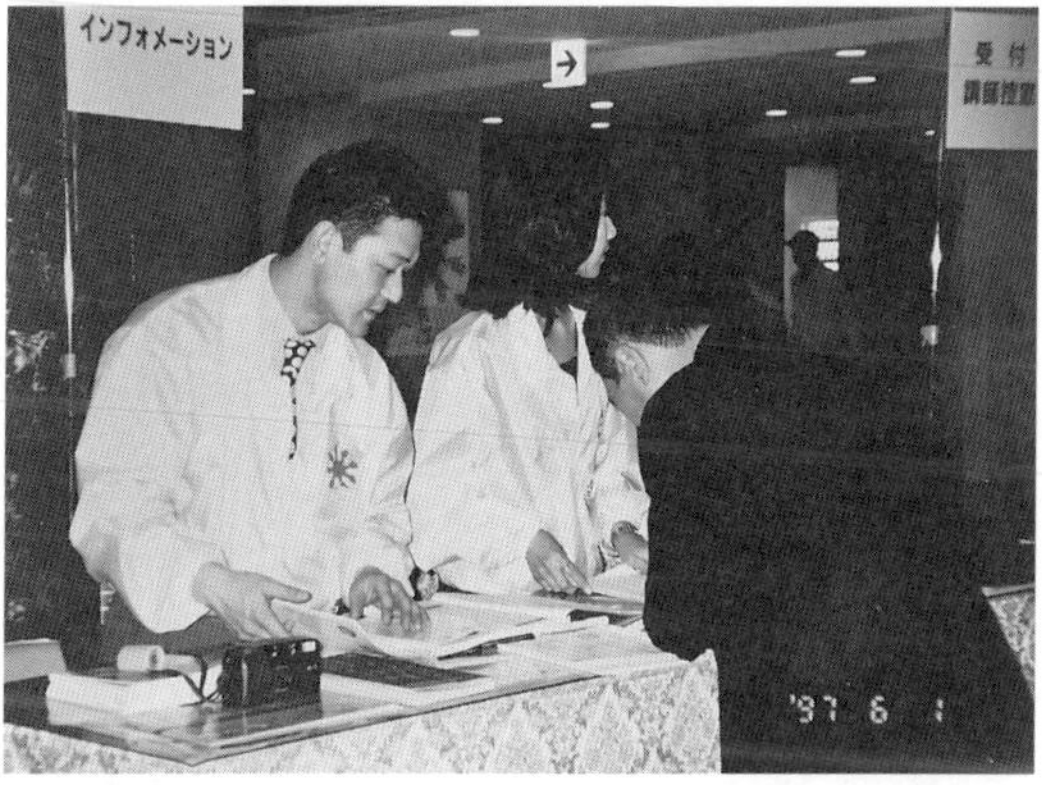

県観光課時代に文化イベントの受け付けをする松田修一さん（左）。対外的な仕事を通じ「度胸が付いた」と語る＝1997年、盛岡市内（松田さん提供）

かった。プライベートでは、伯母の介護で妻が体調を崩していた。

2008年10月、16年半勤めた県庁をやめた。「根拠はなかったけれど、仕事は何か探せる自信があった」。41歳の決断。当時を振り返り「後悔したことは全くない」と話す。

県庁退職後は、同級生の選挙を手伝った。実は県職員時代、自分も選挙への出馬を考えたことがあった。

インバウンド営業に奔走

「選挙を手伝ってくれ」。家族で余暇を過ごしていた松田修一さんの携帯電話に、懐かしい声の着信が入った。相手は、高校時代に野球部で一緒だった元衆院議員、橋本英教さん＝2018年9月死去、51歳。県庁を退職して2カ月、2008年の師走のことだった。

橋本さんの要請に、「二つ返事」でオーケーした。翌年8月の衆院選まで、秘書のような立場で選挙区内を駆け回った。

松田さん自身、以前に選挙を強く意識したことがあった。県職員時代、ある地方選への出馬の打診を受けた。一時は腹を固め、妻にも内緒で住所を盛岡から陸前高田に移した。結局、起意はしなかった。「親戚や親類とも相談して断念した。自分に意気地がなかった」。松田さんは言葉少なに振り返る。

橋本さんの選挙が終わった後は、ハローワークに通った。仕事は経験を生かせるだけでなく、収入も大事だった。

塾や公務員養成専門学校の講師など候補はあったが、一つの求人に迷わず手を挙げた。県の委託事業で、香港のインバウンド（訪日外国人観光客）需要を開拓する花巻温泉の求人だった。

観光は県庁当時に慣れ親しんだ分野。花巻温泉には知人もいた。県職員をやめて1年たった09年11月、初めて民間企業で働き始めた。

入社すると、海外営業の担当として2カ月に1度は台湾などに飛んだ。旅行代理店を訪ね、花巻温泉をツアーに組み入れてくれるようにお願いした。「1日15～20社を回り、得意先とは夜中まで懇親会があった。仕事の話より、相手と個人的に仲良くなることの大切さ、流儀を学んだ」

入社当時からの上司で、松田さんが「日本で十指に入る営業マン」と語る花巻温泉の佐藤寿美取締役セールス部長（57）は「ここでは水を

花巻温泉の同僚と写真に納まる松田修一さん（後列左から2人目）。震災後にインバウンドがゼロになり、外国へのＰＲ用に撮影したという＝2011年5月、花巻市内（松田さん提供）

得た魚のようだった。歌って踊れ、みんなに『松っちゃん』と親しまれていた」と懐かしむ。

松田さんはインバウンド業務と並行し、２０１２年春に社内カンパニーの旅行代理店の所長に選ばれた。陸前高田など沿岸被災地へのツアーを積極的に企画した。

花巻温泉では約４年働いた。海外企業との価格交渉の難しさ、同業他社との競争の厳しさも味わった。

それでも「商売の楽しさを知り、サービスを通じて社会に役立っていると実感できた」。かつてあった〝民間の金稼ぎ〟への忌避感は消えていた。

キャピタルの開業直前に転職して５年。宿泊客が減少傾向の中、魅力アップが求められている。

「チームで仕事」繰り返し説く

キャピタルホテル1000は開業以来、さまざまな催事の場として利用されてきた。松田修一さんは「市内で50人を超えるイベントに対応できるのは、(民間は) ここぐらい。独占の強みはある」と語る。

市中心部を見れば、商業施設の集積は一部のエリアにとどまる。高台に立ち、遠くからでも望めるキャピタルの存在感は大きい。

ただ、足元の経営は順調ばかりとも言えない。宿泊者数は初年度の約2万人から1万5千人ほどに減り、売り上げも4千万円余の減収。コストの見直しなどで本業の利益は出ているが、松田さんは「『陸前高田の迎賓館』というレベルかと言えば、組織もサービスも幼い」と自覚する。

松田さんは経営を語るとき、「基本は組織」と繰り返す。入社以来、中間管理職が機能せず、社内の連携や指揮・命令が満足に働かない状況に、驚きと危機感を持ってきた。従業員の分担と、責任の所在を明確にする組織づくりに努めてきた。同業者や社外のコンサルタントの力も借り、徐々に変えてきた。

例えば料理プラン。厨房《ちゅうぼう》主導だったが、今は客のニーズを知る営業担当と一緒に考えられるようになった。「ホテルは一人じゃ回らないから、チームで仕事することを毎日のように説明して、確認してきた」

目指すホテルは、「個人の高所得層向けに対応できるリゾートホテル」。接客や営業、調理など全般的なレベルの底上げに加え、地理的に不利な沿岸部のキャ

料理を盛り付ける調理担当者。ホテルは今後、他施設との差別化のため、洋食にも力を入れていく方針だ＝陸前高田市高田町、キャピタルホテル1000

ピタルを選んでもらえる魅力と特色づくりが課題だ。

松田さんは、「着地型」と呼ばれる地域独自の体験観光に期待している。生産者の協力を得て、宿泊客に「米崎りんご」のもぎ取りや、カキ、ホタテの養殖見学などをしてもらい、ホテルも生産者も一緒に潤う取り組みを思い描く。

花巻温泉時代は、自ら国内旅行業務取扱管理者の国家資格を取り、着地型観光を開発した。キャピタルでの5年間は、社内の意識改革や運営の改善にエネルギーを費やした。

「(着地型観光は)これまで手を付けてこなかった反省がある。小さなことからでも積み上げれば、アイデアが出てくると思う」

従業員への評価は、まだまだ辛い。それでも、新しいことにチャレンジできるのは、「個」と「組織」の成長に、手応えを感じているからに他ならない。

松田さんは2018年3月、三陸の観光業者などでつくる団体のトップに就いた。翌年にラグビーワールドカップ(W杯)釜石開催やJR山田線の三陸鉄道への一部移管を控え、広域観光の旗振り役も担う。

「迎賓館」に恥じないホテルに

三陸プラチナ観光ルート創設協議会は、三陸地方を中心とした民間の観光関連業者が2018年に立ち上げた連携体。会長に就いたのが松田修一さんだ。

三陸は19年、三陸鉄道リアス線開通、ラグビーワールドカップ（W杯）釜石開催、県の津波伝承施設「いわてTSUNAMIメモリアル」開館（陸前高田市）などが相次いだ。

協議会の目的は、地域に一定期間滞在するような、経済的に余裕のある人向けの旅行商品を開発したり、受け入れ態勢を整備すること。松田さんが、この種の組織の長に就くのは初めてだった。「外国人観光客も内陸までは来ている。宿泊施設が主体となって広域が連携し、多様なリクエストに応えられる足場をつくりたい」。目指す方向に迷いはない。新たな地域リーダーとして奮闘の日々が続く。

地元に目を転じると、キャピタル近くのアクセス道は、いまだ車1台分の幅しかない。

人口減少も止まらない。

復興は道半ば。盛岡市内に家族を残し、自宅とホテルを往復する生活をしながら、募る思いがある。

「震災を経て、陸前高田は世界から注目される場所になった。ただ、観光一つ見ても、市全体の戦略を持てずにいる。地域の産業を育て、全国、世界を相手にどう稼ぐかを考えないといけないと思う」

キャピタルの役割は―。松田さんは「市民には、震災後のつらい現実を忘れる時間を提供する。外部には地域の情報発信基地として、市内に広くお金を落としてもらう」。そのために「自分に足りない（生産者ら）他の人たちを巻き込む力、動かす力を持たないといけない」と自覚する。

料理長の紺野拓郎さん（41）は開業以来、松田さんと共に、より良いサービスを模索してきた。「社長は自分の考えを持っていて、理想が高い」。時に現場とのギャップに共感できないこともあるが、「利益が出れば、従業員に還元しようという気持ちは感じる」

と認める。

松田さんがホテルの経営を任され、3年余。この間、本業と別に、社長交代に絡んだ前社長側との調停なども乗り越えてきた。

「経営者として知識も技術も乏しいから、毎日が反省。キャピタルが倒れれば、地域が倒れる。やる気と体力は負けない。とにかく、やらねばなんね」

「陸前高田の迎賓館」に恥じないホテルづくりへ、〝プレーボール〟の声は、まだ掛かったばかりだ。

開業当初から一緒に働く女性社員と笑顔で語らう松田修一さん。古里の復興を目指し、理想のホテルづくりへ一歩ずつ進む＝陸前高田市高田町・キャピタルホテル1000

【キャピタルホテル１０００】陸前高田市高田町長砂の高台で、２０１３年11月１日に本格営業を開始した。松田修一社長。資本金２００万円。同名の旧ホテルは経営不振による民事再生法申請後、市の第三セクター陸前高田地域振興が運営していたが、建物が東日本大震災で被災。震災後、新たに株式会社を設立し、三菱商事復興支援財団から1億円の出資を受けるなどして純民間運営のホテルとして再建、復活した。鉄骨造り3階建て、客室40室（定員80人）。宴会場、大浴場、結婚式場などを備える。従業員は社員17人を含む30人。19年3月期の売上高は1億９７００万円。

よそ者だから、地域のしがらみがなく、突っ走れた

佐藤幸夫さん／シリウスグループ（盛岡市）

盛岡市東安庭2丁目のシリウスグループは、県内の住宅建築で10年以上最多の着工数を誇る本県屈指の住宅メーカー。佐藤幸夫《さちお》代表（71）は1994年の会社設立以来、「トップ」への強いこだわりを胸に、品質と価格のバランスの取れた家を、より多くの県民に提供すべく努力してきた。大病から起業への決意、株式上場の失敗、徹底した人材育成―。高みを目指し、常に挑戦を続ける佐藤代表の歩みと、決断を追う。

【2019年1月7～11日掲載】

一念発起、秋田から盛岡へ

「男なら勝負しよう」。死の淵から生還し、事業を起こす道を決めた。

佐藤幸夫さんが前身の工務店、昭和住建を立ち上げたのは47歳の時。転機はその6年前、肺の血管が詰まる肺梗塞での半年間の闘病だった。

発症は、アキレス腱《けん》断裂で入院していたベッドの上。深夜に突然、「胸にダンプカーでも乗った」ような激痛に襲われた。大声を発し、意識を失った。心臓が3回止まり、家族は死の覚悟を告げられた。

佐藤さんは秋田県昭和町（現・潟上市《かたがみし》）で、豆腐店の長男として生まれた。高校卒業後、七十七銀行（仙台市）に就職したが、4年で辞めた。「高卒は50歳近くにならないと支店長になれない。待っていられないと思った」。家に戻り、毎朝2時起きで豆腐を作った。

豆腐店は大手との競争。商売は堅調だったが、将来を考えると不安があった。

肺梗塞で倒れる前、友人の住宅会社を手伝うようになっていた。役目は、銀行渉外で鍛えた営業だった。

退院後、豆腐作りは体力的にきつく、仕事は住宅会社一本になった。そこで1年ほど勤めた後、「勝負」の時を感じた。

「一生懸命にやれば契約は取れる。大きな企業をつくるなら、1件当たりの売り上げが大きい住宅会社しかない」

友人の会社との競合を避け、場所は札幌、仙台、盛岡の3択から「交通の便が良く、雪が少ない」という理由で盛岡を選んだ。

営業経験はあったが、工務や経営の知識は、素人同然。頼ったのが、友人の会社も声を掛けられていた東京の住宅メーカー、アイフルホームとのフランチャイズ（FC）契約だった。

壁は資金の確保だった。FC加入やモデルハウスの建築に約5千万円必要だったが、実績ゼロの中年起業家に世の中は甘くなかった。地銀には融資を〝丁重に〟断られた。

助けられたのが国民生活金融公庫（現日本政策金融公庫）だった。「個人でためてきた

2千万円の通帳を見せたら、保証人なしで数千万円貸してくれた」

1995年春、事業の本格始動に合わせ、妻と子ども3人を盛岡に呼び寄せた。「3年で成功できなければ、（岩手、秋田県境の）仙岩峠に身を投げる」。決意の一歩を踏み出した。グループは9年連続で、県内住宅着工数1位（リビング通信社調べ）を記録。徹底した社員教育が、成長の源泉となってきた。

10年余で着工数トップ

シリウスグループが県内の住宅着工数で初めて1位になったのは、事業開始から11年目の2005年だった。

創業当時、県内の住宅建築市場は知名度の高い大手メーカーがリードしていた。初年の1995年のグループの着工数19に対し、当時首位の東北ミサワホーム（仙台市）は501。26倍の開きがあった。

グループはわずか10年余で大差をひっくり返し、今やトップに君臨する。要因はさまざま挙げられるが、盛岡以南への営業店の積極出店、アーデンホーム、シュガーホームなど工法、価格帯の異なる複数ブランドの投入効果は大きかった。

何よりグループ代表の佐藤さんが力を注いできた、人への投資があった。

月１回の締め会で経営理念などを唱和するシリウスグループの社員。素直で前向きな行動の大切さを確認し合う＝2018年12月、盛岡市愛宕下・盛岡グランドホテル

心を育てる人材教育がその一つ。2018年暮れ、盛岡市内のホテルで月1回の通称「締め会」が開かれた。住宅部門の全社員約80人が参加し、実績報告や経営理念の唱和などを行う会議には、「社内木鶏《もっけい》会」と呼ぶワークショップの時間がある。

事前に月刊誌の人生訓に通じる文章を読み、3、4人ずつの小集団で意見を述べ合う。最後に発表する代表者たちの言葉には、「プラス思考」「成長」「努力」などが目立つ。

「優秀な営業マンに共通するのは、前向きさと素直さ。そして、言われたらすぐに動くこと」と佐藤さん。4月には3日間、新入社員に対し、自ら〝シリウス流〟をたたき込む。

グループには退職金の制度がない。代わりになるのが、夏、冬とは別に出す「決算ボーナス」だ。

住宅部門を対象に決算期の3月、営業店ごとに経常利益の10％相当をボーナスとして配分する。8人ほどで1億円超の利益を出す店もあり、配分金の最大35％が支給される店長の中には一度に300万～400万円を受け取る人もいる。

グループの行動指針に「黒字は社員の義務、幸せへの道。赤字は滅亡への道」という一節がある。努力して数字で結果を出せばボーナスが入る一方、2期連続赤字の店長は降格になる。企業の急成長に、ひずみは付きもの。利益至上主義が心配になるが、佐藤さんはきっぱり否定する。

「営業の進行状況は管理するが、成果についてはあまり言わない。個人を追い詰めれば、無理な契約につながる。店というチーム内で互いに応援しあい、利益を増やすことが大切だ」

佐藤さんは当面の目標を、持ち家の着工数の15連覇（19年で15連覇を達成）に置く。新築の数にこだわる経営には、空き家問題などから批判的な見方もある。佐藤さんは課題を認めつつ、1位であり続ける意義を、こう話す。

「連覇は会社の歴史、レガシーになる。お客さんが信用するのは実績だから、気持ちはいつも『チャレンジ』『前へ』です」

ほぼ右肩上がりで受注を伸ばしてきたシリウスグループ。創業期の土台づくりに生きたのが、佐藤さんの「よそ者」の強みだった。

ローコスト住宅で勝負

5年で地元ビルダー（工務店）着工数1位、10年で県外ハウスメーカーを抜いて県内1位。売上高は創業15年に50億円、20年で80億〜100億円——。

佐藤さんが創業にあたって掲げた目標がある。

達成に向けて誓ったのが、「セブン・イレブン」。最初の3年間は365日、朝7時から夜11時まで働こうと決めた。

住宅会社で勤務経験のある社員2人を採用して仕事を始めた。地縁血縁、実績、知名度など「ないない尽くし」だった。営業活動に全力を挙げた。

1日200軒のチラシ配りと50軒の戸別訪問を、自分のノルマにした。最初のモデルハウス完成の1カ月ほど前から、アパートを中心に歩き、午前2時、3時でも時間を惜しんでポストにチラシを入れて回った。

アイフルホームとのフランチャイズ（FC）契約が、知名度不足を補った。アイフルホームは当時、規格を統一化するなどして坪単価を下げたローコストの住宅を提供。全国的に人気が上がっていた。

営業を始めると、反応の良さは予想以上だった。「大手メーカーの坪単価50万円クラスでは、岩手の給与水準にすれば高すぎるし、そもそも同じ価格帯では勝負できないと考えていた。住宅の質が悪くなければ、もっと安い方が住宅ローンが減って、教育とか子どもとのレジャーにお金を回せると思った」

ローコストの住宅が見られがちな品質への不安には「絶対に手を抜いていないことを証明するため、顧客に建築現場に来てもらうことなどを徹底した」。丁寧な施工と親身な営業にこだわり、ファミリー層に浸透していった。

受注は初年の19棟から、2年目で一気に63棟に増えた。急成長する〝新参者〟は、業界で話題になった。

佐藤さんには、忘れられない思い出がある。事業を始めて5、6年のころ。居酒屋で飲んでいた時、ある同業者に言われた。「安売り業者は岩手にいらない。出て行け」

心の中で「今に見ていろ」と言い返した。同時に、自分の優位性も感じた。

「よそ者だから、地域のしがらみがなく、突っ走れた。会合は付き合い程度しか出なかったので、雑音もほとんど入らなかった」。5年目には約100棟を手掛け、地元トップクラスのビルダーへ。有言実行が、その後に弾みをつけた。

夢は株式上場だった。しかし、リーマン・ショックに見舞われ、異分野挑戦も難しかった。

社員と一緒に初詣し、写真に納まる佐藤幸夫さん（右から4人目）＝2000年ごろ、紫波町（シリウス提供）

株式上場の夢

シリウスグループが創業時の昭和住建を名乗ったのは、最初の6年余。その後、2001年にフォーユー、04年にシリウスへと、社名を2度変えた。

佐藤さんは一時、株式上場を目指した。会社の知名度を高め、優秀な人材を集めようとした。事業家としての夢でもあった。

昭和住建の名は、佐藤さんの秋田県の出身地、旧昭和町から取っていた。新しい社名に、上場企業にふさわしい、メッセージ性を求めた。並行して増資を重ね、事業の拡大に備えた。

「上場のために全国展開できる商売が必要」と考えた時、異分野への進出は必然だった。本業の住宅はモデルハウスの建築など、初期投資が大きかった。

チェーン展開するラーメン店に目を付け、札幌市に本社のある企業と契約した。「食べてみたらおいしかった。ラーメンは均一的な商品だから、レシピ通りに作ればできると思った」

盛岡に初めて出店すると、すぐに盛況となり、行列ができた。商機を逃すまいと、チェーン本部などからの紹介で、県外を中心に出店を加速した。店舗は盛岡、青森・弘前、新潟など最大で六つになった。

競争熾烈《しれつ》なラーメン業界。

2004年（平成16年）3月16日（火曜日）　（6）

フォーユー

株式公開、2年後に設定

社名「シリウス」に変更

アイフルホームやサッポロラーメン・味の時計台などを経営するフォーユー（本社盛岡市、資本金九千五百六十七万円、佐藤幸夫社長）は、株式の公開を目指し社名をシリウスに変更、店頭公開予定日を二〇〇六年十月二十日と設定した。

同社は一九九四年に昭和住建として設立。秋田県で住宅会社役員をしていた佐藤社長が、アイフルホームのフランチャイズとして盛岡市で事業をスタートした。在来工法のアイフルホームは業績を伸ばし、県内に五店開設。ツーバイフォー工法のアーデンホーム、パネル工法のスモリの家も手掛ける。

住宅部門を中心に多角化を図り、中古本やフィギュアを中心に扱う「お宝倉庫」、ラーメンのチェーン店・味の時計台を経営。総合生活サービス業を標ぼうする。パートを含む現在の従業員は百二十三人。

株式公開を目指す企業に資金を提供するなどしている、いわてインキュベーションファンド（ベンチャー育成投資事業有限責任組合）からは、昨年五月に資金を得た。このファンドからはこれまでに同社のほか六社が資金を得ている。

同社の〇三年三月期の売上高は二十三億七千万円、当期利益は二千三百万円。住宅不況の中で、業績を拡大し、〇四年三月期は売上高約二十八億五千万円、当期利益約四千五百万円を見込んでいる。公開前の〇六年三月

シリウスへの社名変更と上場計画を伝える2004年3月16日付の岩手日報朝刊。この後、株式市場の冷え込みもあり、上場を取りやめた

はやり廃りのある嗜好品《しこう》だけに、当初の熱狂は程なく落ち着き、売り上げは下がった。遠隔地の店舗は、本社の目が行き届かず、管理が甘くなった。

リサイクルショップも運営したが、満足のいく収益は上げられなかった。ラーメン事業ともども、今はない。

多角化経営の難航に、株式市場をめぐる環境の激変が加わった。08年のリーマン・ショック。世界的な景気の冷え込みは、上場方針を転換し、事業を住宅に注力させるに十分な理由となった。

得たものもある。上場準備の過程で、監査法人の厳しく、細かい監査に対応した。この経験が、経理、労務など社内体制の強化につながった。

佐藤さんはラーメン店などへの挑戦について「住宅事業の調子が良く、成功できると思い込んだ。下地のない商売で無理をした面もあった」と総括。「あの経験があったから、今は慎重に新しい投資や事業を考えられる」と自戒を込める。

上場は取りやめても、積極性は失わなかった。東日本大震災後は、太陽光発電に参入した。

積極的なM&A

矢巾町の山あい。なだらかな斜面に、約1万3千枚の太陽光パネルが敷き詰められている。シリウスグループが町有地を借り、2014年以降に順次稼働を始めた大規模太陽光発電所（メガソーラー、最大出力計約3千キロワット）だ。

東日本大震災の原発事故を機に、国が強力に普及を進めた再生可能エネルギー。佐藤さんは、そこに新規事業の物差しにする「将来性」と「収益性」をかぎ取った。

太陽光発電は20年間、一定額で電気の買い取りが保証される。一度設置すれば維持管理の手間が少なく、ローコスト。税制上の利点もある。

グループは震災以降、県内外の約30カ所にメガを含む太陽光発電設備を据え付け、売電額は全体で2億円弱。太陽光設備の販売・施工会社も立ち上げた。

佐藤さんは「住宅と太陽光発電は元々、親和性が高い。売電による利回りが高く、下手に株などやるより安心。買い取り価格が下がっても利益は出る。まだまだ増やす」と見据える。

高齢者介護事業への参入は太陽光より前に、急速な高齢化と、両親＝ともに他界＝の利用を考え、秋田県潟上《かたがみ》市のグループホームを始めたのが皮切り。現在は奥州市や平泉町などで施設を運営するが、他と同様に、介護スタッフが不足している。「働きたいという人が、なかなかいない」。人口減という社会問題から来る悩みに、もどかしさが続く。

中小企業の事業承継が課題となる中、佐藤さんが力を入れたいと考えているのが、企業の合併・買収（M&A）だ。昨年は大船渡市内の電気工事

シリウスグループのメガソーラー発電施設。太陽光事業は利益率が安定して高く、さらなる拡大を予定する＝矢巾町和味

会社を買収した。

「建設や造園など、住宅事業とのシナジー（相乗）効果が見込める会社があれば、買うことも考えたい」

グループの協力会社は、住宅関連を中心に優に100社を超える。関係する社員、家族を合わせれば、千人を超える人たちの暮らしが、佐藤さんの両肩にかかっている。

秋田商高時代、レスリング部の主将として全国高校総体（インターハイ）で団体準優勝した。「厳しい練習がこれで終わりと思い、気を抜いた。絶対に優勝すると思えば勝てた」

住宅事業でも、別の分野でも、一つ一つの小さな利益をこつこつ積み上げていく作業は変わらない。高校生だった「あの日」の記憶は鮮明。トップの責任を果たすため、決して油断はしない。

2019年、設立から四半世紀を迎えるシリウスグループ。本業で、さらなる飛躍を期す。

起業家を応援したい

「口コミや協力会社からの紹介が多い。何よりトップのカリスマ性が大きい」

住宅情報誌発行業リビング通信社＝盛岡市東松園＝の志田康明代表（70）は、県内の住宅着工数で首位を走り続けるシリウスグループの強さを解説。グループ代表の佐藤さんの存在感の大きさを語る。

一代で売上高80億円企業を育てた佐藤さん。秋田なまりのズーズー弁もあり、近寄り難さはない。アイフルホーム水沢店営業係長の吉田好伸さん（32）は「みんなの前では、なまりを抑えて話してくれます」と笑う。

グループは佐藤さんを中心にした組織力と、社員、店舗間の切磋琢磨《せっさたくま》でトップに上り詰めた。本社の壁には、新規契約を獲得した社員向けの佐藤さんの激励文が、びっしり。朱色の文字に、熱いエネルギーを込めている。

多角化は進めても、柱は住宅建築。地場と県外の大手メーカーがひしめき合う市場で、グループは2019年春、盛岡市内に拠点を構え、新しい住宅商品を投入する。ラインナップを充実し、他社を迎え撃つ。

「県内1位と言っても、シェアはまだまだ（2017年は持ち家、貸家の総合で5・8％）。2倍にできれば、年間600棟建てられる。店長らに限界を打ち破る工夫と知恵が、もう一つ足りない」。さらに上へ。冷静に足元を見つめる。

70歳を過ぎ、2018年2月には渡航先のニュージーランドの空港で、激しい腹痛に見舞われた。腸に穴が開いていた。帰国して手術を受け、1カ

佐藤幸夫さん（中央）が契約を獲得した社員向けに書いた激励文。情熱やエネルギーをイメージして朱色で書かれ、本社廊下に張られている＝盛岡市東安庭2丁目

月間入院した。入院は40代の肺梗塞以来だった。

退院して、自宅の土地、建物を妻の信子さん（63）の名義に変えた。仕事に没頭してきた自分に代わり、子ども3人がいる家庭を守ってもらった。

「夫婦げんかはしたことがない。質素だし、人が良すぎるぐらい」と佐藤さん。「いい奥さんんだ」と2度繰り返した。

遠くない将来、事業の引き継ぎが必要になる。事業承継税制を活用するため、後継者は長男（33）を念頭に置く。

佐藤さんは代表を退いても、何らかの形でグループに関わりたいと考えている。同時に、胸の内に「最後の使命」を秘める。

起業家の応援―。「経営者は時として、死を考えるほど悩む。困っている会社の力になりたい」。育てられた岩手で、生涯現役を貫く。

【シリウスグループ】住宅建築のシリウスを親会社とし、子会社にアイフルホーム専門のシリウスEHC、太陽光発電販売のニューステージなどがある。佐藤幸夫代表が1994年12月に昭和住建を創業し、アイフルホーム（東京都）のフランチャイズとして住宅事業を開始。住宅部門は木造軸組パネル工法のアイフルホーム、ツーバイフォー工法のシュガーホーム、無垢（むく）の家のサイエンスホームを展開する。2019年の住宅着工数は310棟（全て持ち家）。県内の着工数ランキングは持ち家で15年連続、貸家を含む総合で11年連続トップ。従業員は133人（パート含む）。20年3月期の売上高は76億円。

著者略歴

四戸聡（しのへ・さとし）1969年生まれ、東北大卒。93年岩手日報社入社。販売局を経て編集局報道部、久慈、花巻両支局長。ソルトレーク五輪（2002年）、子どもをめぐるさまざまな問題を取り上げた大型連載「大人たちよ」（2008年）などを担当。2015年報道部専任部長。18年から報道部付編集委員兼論説委員会委員。遠野市出身。

あの日の決断　岩手の経営者たち ①

2020年7月1日　第1刷発行

発 行 者　東根千万億
発 行 所　株式会社岩手日報社
〒020-8622 岩手県盛岡市内丸3-7
電話 019-601-4646
（コンテンツ事業部　平日9～17時）
印刷・製本　株式会社杜陵印刷

©岩手日報社 2020
※本書掲載写真および記事の無断転載を禁じます。
落丁本・乱丁本はお取り替えいたします。コンテンツ事業部までお送りください。（送料は小社で負担します）
ISBN 978-4-87201-425-9　C0034 ¥1000E